CHRISTOPHE LICATA

RÉVÉLATION(S)

13 SAISONS, ET APRÈS ?

LEDUC

SOMMAIRE

LA DERNIÈRE DANSE ?

Aujourd'hui c'est la finale. Cette année, l'émission a été éprouvante et riche en émotions. J'ai ressenti autant de plaisir que de déception. Normal, c'est une aventure humaine, après tout. Ici on s'adore, mais on ne se fait pas de cadeau. Comme dans une famille. Depuis le début de la treizième saison de *Danse avec les stars,* Inès Reg est ma courageuse partenaire. Courageuse et téméraire aussi, car elle a dû traverser une zone de turbulences sans précédent dans une émission de divertissement. L'humoriste si aimée du public a été la cible d'une vague de haine inouïe à la suite d'une polémique qui l'a opposée à la chanteuse Natasha St-Pier également concurrente de l'émission phare des vendredis soir de TF1. Inès et moi, nous avons surmonté cette épreuve main dans la main – j'y reviendrai plus tard –, c'est la tête haute que nous arrivons au studio 128 de la Plaine Saint-Denis pour ce bouquet final, que j'espère victorieux. Je suis au plus haut de la motivation : en treize saisons sur l'émission, je n'ai jamais réussi à faire en sorte que l'une de mes stars décroche le trophée tant convoité. Cette année, c'est la bonne, je suis enragé, je veux gagner. J'ai énormément donné de ma personne à cette émission, et il m'arrive de me demander si ça ne finit pas par faire trop. DALS, ce sont treize années de ma vie, treize années intenses et magiques, qui ont aussi eu leur part de doutes et d'épreuves. En 2011, je n'étais encore qu'un tout jeune danseur du sud de la France lorsque je suis monté à Paris pour participer à *Danse avec les stars*. De trois mois au départ, l'aventure dure depuis maintenant 13 ans. Dans ce monde éblouissant, où les lumières scintillent et les applaudissements résonnent, j'ai eu la chance de vivre des moments inoubliables. Mais j'ai aussi été confronté à ce qui se cache de l'autre côté du rideau. Car derrière chaque danse, chaque chorégraphie, il y a des nuits sans sommeil, des questionnements qui rongent et une quête obsessionnelle de perfection.

Je m'interroge sur mon avenir dans l'émission, ce que j'ai encore à donner. Une victoire serait la plus belle façon de tourner la page. Depuis le début de la semaine, je sens une drôle d'impression monter en moi, comme une petite boule de nostalgie, une sensation impalpable qui me met dans un état mélancolique. Ce vendredi je traverse le hall de ce studio d'enregistrement. C'est là que tout a commencé, alors que j'étais encore un tout jeune homme, plein de rêves. Je foule le sol de ce lieu immense dont je connais les moindres recoins, je détaille chaque pièce comme si je sentais que je n'allais plus y revenir, dans ma tête je revois des scènes qui ont marqué ces folles années, j'entends les rires et les pleurs qui ont émaillé l'aventure dont je me demande si elle est encore pour moi. Dans le couloir, défilent sous mes yeux les portraits affichés sur le mur de tous les gagnants de l'émission, Matt Pokora, Shy'm, Emmanuel Moire, Alizée, Rayane Bensetti, Loic Nottet, Laurent Maistret, Agustin Galliana, Clément Remiens, Sami El Gueddari, Tayc, Billy Crawford… j'aimerais tant que celui de la pétillante Inès s'ajoute à ces visages radieux. Je croise les équipes techniques, les cadreurs, les journalistes qui nous accompagnent et qui, au fil des ans, sont devenus des confidents tant ils ont été les témoins de nos joies et nos peines. Un caméraman m'interpelle : « Christophe, tu es bizarre aujourd'hui… Tu me rappelles un peu le comportement de Fauve il y a an. » Mon amie Fauve Hautot qui a gagné quatre fois la finale (avec Emmanuel Moire, Sami El Gueddari, Tayc et Billy Crawford) a décidé l'année passée de quitter l'émission avant d'accepter de rester, non plus en tant que danseuse, mais comme jurée. Comme elle, je sens que j'ai beaucoup donné au niveau de la danse pour ce programme télé. Chaque fois, j'ai fait progresser ma partenaire, briller ma star, ce qui est l'objectif premier de l'émission. Je regarde Inès, je ne peux m'empêcher de lui confier mes états d'âme : « Inès, j'ai le cœur lourd, tu vas me manquer, tout ça va me manquer… » Elle n'est pas au courant de mes doutes, elle doit sûrement penser que je ne parle que de la finale et de ma tristesse de ne pas la revoir après l'intensité de ces dernières semaines.

Je sens les larmes monter, je file m'isoler aux toilettes, j'ai besoin de me retrouver seul, ma grande sensibilité me submerge, je lâche tout, je pleure. J'ai l'impression de quitter une maison vide et d'emporter tous les meubles dans mon cœur. Je retrouve Inès, je lui prends la main, c'est bientôt l'heure d'entrer en scène.

LES EXTRATERRESTRES

Un tout petit garçon à la chevelure noir de jais et aux yeux brillants fait tournoyer une fillette brune aux longues jambes très fines sur une piste. Ils enchaînent les danses latines, rumba, cha-cha-cha, puis jive… c'est un peu fou la manière dont ils virevoltent et tourbillonnent. Les pas sont précis, appliqués, le mouvement est fluide et énergique. Ils ont le rythme dans la peau. Ils prennent un plaisir dingue, ça crève les yeux, tous les regards sont rivés sur eux, fascinés par leur aisance, leur complicité, leurs deux petits corps en accord, les tenues jaune fluo apportant une touche gaie et punchy à la performance. Lorsque la musique s'arrête, danseurs, juges comme spectateurs ont le souffle coupé, c'était la dernière danse de la compétition. Quelques minutes plus tard, le couple d'enfants se tient par la main derrière le rideau, dans le noir, les cœurs se serrent, ça bat fort dans leur poitrine. Ils sont sept duos de petits danseurs à attendre le verdict en silence. Les corps se figent. Le temps s'arrête, durant ce qui semble une éternité, puis les résultats tombent. Enfin. « Le numéro 17 » ! Pas de réaction. « Le numéro 17 ! » entend-on une seconde fois. Le 17, c'est le numéro de dossard du couple. Mais qu'est-ce que cela signifie ? Les petits finalistes sont-ils septièmes ? Sont-ils premiers ? Leurs noms résonnent encore dans le micro… La fillette réalise, prend le petit garçon par la main, ils sont bien les vainqueurs, champions de France dans la catégorie des minimes ! Incroyable… Pour la fillette, la joie est immense, pour le petit garçon c'est une évidence : la danse, c'est sa vie, à partir de ce jour et pour toujours.

*

Ce petit garçon de sept ans, c'est moi. Et la fillette de neuf ans, c'est Céline, ma grande sœur. Voilà un an que nous pratiquons la danse de salon et que nous enchaînons les concours un peu partout, qui nous ont menés de notre petite salle de répétition dans une maison de quartier à La Ciotat jusqu'aux championnats de France à Évry. J'ai débuté la danse à l'âge de six ans. Ma sœur faisait déjà du modern jazz, et c'est quand je l'ai vue pour la première fois sur la scène lors du gala de danse de fin d'année que j'ai dit à ma mère : « Moi aussi un jour je serai sur les planches. » À l'époque, je faisais des compétitions de natation, mais la piscine, ça ne me plaisait pas vraiment. J'y allais essentiellement pour participer à une activité. À l'inverse, j'ai toujours été fasciné par les spectacles et la musique. J'étais fan de Chantal Goya, au point d'écouter *Le Soulier magique* à longueur de journée. Ma mère n'en pouvait plus de m'entendre rembobiner la cassette « play », « retour », « play », « retour » : un jour, excédée, elle m'a même donné un marteau pour la détruire.

Petit-fils d'immigrés italiens, je viens d'un milieu modeste, ma mère est assistante maternelle, et mon père est maçon. Si je n'ai manqué de rien, je sais à quel point mes parents ont fait des sacrifices pour mes deux sœurs et pour moi. Mon grand-oncle pratique la danse de salon, un peu en secret, jusqu'au jour où un oncle et une tante le surprennent lors d'une compétition. Il donne des cours dans une petite salle de La Ciotat, là où nous vivons. Ma sœur a voulu s'inscrire, mes cousines aussi. Un mercredi après-midi, je l'accompagne à la Maison des associations Subilia, nous entrons dans la petite salle, le plancher est encore recouvert des tatamis de l'entraînement de judo qui se tient juste avant. Une odeur âcre de sueur m'emplit les narines. Je porte un jean avec des bretelles, un t-shirt blanc et j'ai un petit béret vissé sur la tête – mon goût pour les chapeaux remonte en effet à la prime enfance ! – ma sœur est vêtue d'un ensemble gris en laine côtelée et de bretelles un peu épaisses. Il n'y a que des filles, qu'importe, je me sens à ma place. Tout me plaît, l'ambiance, la musique, les rythmes latinos qui se diffusent dans mon corps, je sens le sol vibrer sous mes pieds, je me mets en mouvement tout naturellement, comme si j'étais né pour ça. Et en un instant, tout est flou autour de moi, il n'y a plus que la musique qui compte, et ce qu'elle provoque en moi. Je danse et j'oublie tout. Les railleries des garçons à l'école qui me rejettent parce que je suis différent, que je n'aime pas le foot, que je suis timide et solitaire, et que donc personne ne veut être copain avec moi. Une cruauté des autres enfants que je vis mal, heureusement j'ai mes sœurs et mon clan familial. Et puis, tout à coup, ce miracle, la danse qui annule tout, me met en joie, me fait me sentir bien, à ma place. Je sors du premier cours, tout en transpiration, les cheveux mouillés par l'effort. Je cours vers ma mère :

« Maman, maman, c'est ça, que je veux faire ! »

Un an plus tard, je suis sacré champion de France de ma catégorie.

Tous les mercredis, je fais danser ma sœur, ou plutôt, ma sœur me fait danser, c'est elle qui me dirige. La voix de notre oncle résonne dans la salle qui sent la transpiration et le tatami usagé, il répète : « Félin, félin, il faut poser les pieds comme le font les chats. » Les musiques latines s'enchaînent, des chansons de Dany Brillant passent en boucles, l'ambiance est toujours folle. Ma cousine a recruté deux ou trois garçons pour préparer le gala de fin d'année. Moi au contraire, j'évite d'en parler autour de moi, la danse c'est mon secret, ma bulle d'oxygène, pas question qu'à l'école quelqu'un soit au courant. Je n'ose imaginer les moqueries et les insultes à mon encontre si quelqu'un l'apprenait. La danse, c'est un « truc de filles », et la danse de salon un « truc de vieux »… Je les entends déjà médire.

Arrive le fameux spectacle de fin d'année, dont le final est dingue tellement le public nous soutient : les premières notes de *New York New York* retentissent…

"*Start spreading the news / I'm leaving today / I want to be a part of it / New York, New York*" Nous ne sommes que deux garçons parmi toutes ces filles…

La ferveur gagne la salle, les spectateurs sont aux anges, accompagnent nos pas de leurs applaudissements. Je prends un plaisir immense. J'ai un sourire large comme le soleil. Nul doute, ma place est sur scène.

Mon oncle connaît un professeur de danse à Marseille, un grand champion nommé Marc Barbieri, qu'il veut convaincre de nous accueillir dans son cours, ma sœur et moi, alors qu'il n'enseigne pas aux enfants. Au bout d'un an, Barbieri finit par céder :

— Bon, amène-les-moi. Si je trouve qu'ils ont du talent, on en reparlera. Sinon, je te dirai non. Mais je le répète, normalement, je ne prends pas les enfants.

Rendez-vous pris dans le quartier Saint-Loup dans le 10e arrondissement de Marseille. Nous sommes seuls, Céline et moi, au milieu de la salle de danse, avec un professeur taciturne et froid qui en impose avec son physique à la Sylvester Stallone. Nous n'en menons pas large. Il lance la musique, nous enchaînons des chorégraphies, sans que cela provoque la moindre réaction de sa part. La musique cesse. Nous sortons de la salle sans un mot, démunis face à son mutisme. Il prend notre oncle à part puis lâche :

— Je les accepte.

Il ne fait aucun commentaire. À cet instant, je comprends qu'il va falloir s'entraîner dur pour rester dans son cours, nous n'avons pas le choix. Nos parents nous ont transmis ce sens du sérieux : si on veut faire quelque chose dans la vie, il faut s'en donner les moyens et être discipliné. De toute façon, avec Marc Barbieri, nous n'avons pas d'autre choix, les leçons sont très carrées. Au début, c'est sa femme qui est notre prof, lui estime que nous n'avons pas encore le niveau suffisant pour être dans son groupe à lui. Et puis très vite, nous passons dans son cours. Nous sommes très assidus et appliqués. Il arrive souvent que Marc renvoie des élèves sans explication, aussi sommes-nous un peu terrifiés à l'idée qu'il puisse nous sortir de la salle à tout moment. Ça nous pousse à donner le meilleur de nous-mêmes, c'est très formateur. Après les entraînements, il nous demande d'en écrire le contenu sur un papier, de noter les nouveaux pas appris, les enchaînements, les techniques, parfois nous l'entendons virer les uns et les autres et leur dire « regardez Christophe et Céline, ils s'entraînent, donc les résultats sont là ». Qu'il nous prenne pour exemple nous rassure.

Marc décide de nous inscrire à notre premier concours. Ma sœur possède l'esprit de compétition, moi un peu moins, c'est l'artistique qui m'intéresse le plus, qui me fait vibrer. Mais je me prends au jeu. Sur la piste, c'est elle qui prend le *lead*, qui compte le départ des danses, c'est un peu la cheffe, après tout c'est ma grande sœur, je lui fais confiance. Et puis, je l'admire, je la trouve belle et talentueuse. Nous partons pour Montpellier : Marc nous prévient qu'il ne faut rien attendre de cette première compétition, c'est un peu un test pour se roder. Mon oncle me promet de m'offrir une paire de solaires si nous gagnons, c'est un modèle de lunettes un peu spéciales que j'ai repérées au marché, qui font à la fois protection contre le soleil et fausses lunettes de vue… J'en rêve, car je m'étais mis en tête que peut-être le groupe des « binoclards » de mon école allait m'intégrer si moi aussi je portais des lunettes. C'est un peu un acte désespéré – j'ai tellement peu d'amis que j'élabore des stratagèmes pour intégrer un clan, même si c'est celui des mal-aimés… Qu'importe, la danse me donne une force à toute épreuve. Nous remportons haut la main notre première compétition, parmi une quarantaine de couples d'enfants. C'est le début d'une longue série de victoires, rien ne peut nous arrêter, les autres nous surnomment « les extraterrestres ».

Une fois pourtant, à Besançon, ma sœur a comme un trou noir, elle qui se charge toujours du compte du tempo pour lancer la danse est tétanisée, ses yeux fixent les miens, je lis la panique dans son regard, les autres ont déjà commencé à danser, rien ne vient, elle est bloquée. Ça dure une bonne trentaine de secondes, autant dire une éternité.

Je lui secoue les bras… Et pour la première fois, c'est moi qui prends les choses en main, « un, deux, trois, quatre et un ». Ce jour-là, nous goûtons pour la première fois à l'échec, mais depuis lors je suis le leader. Puis tout nous réussit à nouveau. Nous raflons tous les trophées de catégorie en catégorie, jusqu'aux Juniors, où les championnats du monde à Moscou nous attendent. Mais nous n'obtenons pas les visas à temps. La déception est immense, nous avons travaillé avec un tel acharnement… Afin de compenser la frustration, Marc Barbieri nous inscrit à une grosse compétition au Palais des Sports de Marseille pour la même date. Ce jour-là, nous sommes au sommet de notre forme. Nous dansons avec rage et détermination, comme grisés par une soif de revanche sur l'injustice qui nous a fermé les portes des mondiaux. Nous remportons la victoire dans notre catégorie, et nous gagnons l'open des adultes. Nous n'avons que 14 et 16 ans et nous battons les adultes ! Nous avons la rage de vaincre chevillée au corps.

*

« À toi, mon partenaire… mon petit frère, je préfère t'écrire, car je n'arriverai pas à te parler sans que les larmes me montent et je n'ai pas envie de pleurer. Je veux que tu saches que j'aime la danse, c'est pour moi un vrai plaisir et c'est encore plus un plaisir car je le

partage avec toi. Je n'ai pas réellement envie d'arrêter car je sais que ça me fait plaisir d'y aller de temps en temps, on rigole bien, on rit bien, mais ce que je sais aussi, c'est que je n'ai pas non plus envie de te freiner. On n'a pas les mêmes objectifs, en effet pour toi la danse, c'est ta vie et pour moi, c'est simplement un plaisir. Je veux que tu saches que j'irai au championnat de France, je me donnerai à fond et jusqu'au bout mais après, je ne peux rien te promettre, je te promets cependant de ne pas te laisser tomber et si après je ne me sens plus le courage de te suivre je m'arrêterai, mais pas avant que tu aies trouvé une partenaire qui puisse me remplacer, une qui puisse te suivre, une "Marina"[1] *? À toi, je ne dis pas que je ne regretterai pas parce que je sais que tu es le meilleur danseur de France et c'est un réel plaisir de danser avec toi et je te souhaite de devenir le meilleur du monde, je sais que tu ne pourras pas y arriver avec moi, c'est dommage.*

Ce qui me manquera le plus, ce sont ces merveilleux moments que l'on a traversés ensemble et ces moments resteront gravés dans mon cœur car ce sont des moments que j'ai partagés avec mon frère. Je te souhaite de devenir le meilleur, le prince du parquet. Je t'aime fort,

ta sœur qui t'aime plus que tout au monde et qui sera toujours là. »

1. La patineuse Marina Anissina dont nous étions fans ma sœur et moi quand elle dansait avec Gwendal Peizerat.

Un soir, je trouve cette lettre. Avec Céline, nous avons l'habitude de communiquer ainsi, par petits mots que nous nous glissons sous la porte de nos chambres respectives. Je m'installe dans ma chambre minuscule et je lis avec émotion les mots de ma sœur. Nous n'avons plus les mêmes attentes, c'est vrai, mais nous nous aimons très fort, et d'une certaine manière, elle m'offre ainsi l'opportunité de voler de mes propres ailes, de m'émanciper après dix ans d'aventures communes, elle a d'autres aspirations, moi je sais que j'ai la danse dans le sang, que rien ne pourra m'en détourner. Ma sœur a raison, il est temps pour moi de trouver une autre partenaire, d'expérimenter d'autres horizons, de tenter d'autres chorégraphies audacieuses. Ce sera bientôt sans Céline, mais ça n'enlève rien au fait que c'est grâce à elle si j'ai connu une formidable ascension, elle m'a emmené presque au sommet. C'est elle qui m'a permis de porter haut les couleurs chatoyantes de la danse de salon. Elle pressent que j'ai besoin de plus d'exposition, et que cet éclat je le trouverai soit dans une troupe de danse soit peut-être un jour à la télévision. L'avenir lui a donné raison.

LA LARME DE ROSSY DE PALMA

Je suis au pied de la tour TF1, elle est si haute, si colossale. J'ai beau n'avoir que 25 ans, j'ai pas mal voyagé dans le cadre des compétitions de danse et d'un show avec une troupe qui m'a mené jusqu'à l'opéra du Caire, je n'en mène pas large. J'ai été sélectionné parmi des centaines de danseurs venus de la France entière pour une nouvelle émission de télévision, adaptée de l'émission anglaise *Strictly Come Dancing* diffusée sur la BBC depuis 2004 : un programme inédit en France où des personnalités souvent totalement novices en danse sont appelées à concourir aux bras de danseurs professionnels. Je repère les autres danseurs qui patientent comme moi devant le siège de la première chaîne de télé française. Tous sont intimidés et fébriles, j'en connais certains, car le monde de la danse de salon est petit, je les croise depuis l'enfance, nous avons tant de fois été en concurrence sur le parquet des championnats. Il y a Grégoire Lyonnet, mon « ennemi » juré de l'adolescence, mon principal adversaire lors de nombreuses manifestations, Julien Brugel, Maxime Dereymez, Fauve Hautot que j'ai toujours trouvée très impressionnante, Candice Pascal qui a été ma partenaire d'entraînement pendant un an quand ma sœur Céline a décidé d'arrêter, et d'autres que je connais moins, comme Katrina Patchett et Silvia Notargiacomo. Si à l'intérieur nous bouillons de curiosité et d'excitation, nous ne montrons pas notre jubilation, tant nous sommes impressionnés. Nous sommes huit, huit élus à l'issue d'un casting ultra-sélectif d'abord passé au niveau régional, pour ma part à Marseille, puis au niveau national à Paris. Nous avons tous un mental d'acier et un physique préparé pour d'intenses efforts. Cependant, nous ignorons encore à quel point l'aventure dans laquelle nous nous apprêtons à nous lancer sera puissante et combien chacun d'entre nous sera happé corps et âme par cette nouvelle émission. Spontanément, je me rapproche de Fauve, avec qui j'ai eu un bon feeling : nous sommes nés à deux jours d'écart la même année, nous sommes tous les deux du signe du Poisson, et je me sens naturellement bien en sa compagnie, elle est très simple et généreuse.

Nous nous décidons à entrer dans la tour. À l'accueil, des hôtesses nous délivrent nos badges d'entrée. Je n'en crois pas mes yeux : je détiens le sésame pour pénétrer dans ce temple du divertissement ! Nous prenons les ascenseurs jusqu'à un grand bureau devant lequel on nous sert des cafés pour nous faire patienter. Enfin, on nous invite à entrer. Dans la pièce, les producteurs de l'émission et les grands pontes de la chaîne nous attendent, c'est très intimidant, malgré leurs efforts pour nous mettre à l'aise. Ils nous présentent les enjeux de l'émission, nous avouent qu'ils prennent un pari un peu fou en diffusant un tel programme uniquement basé sur la danse. Si des télé-crochets sur la chanson, comme la mythique *Star Academy* sur TF1 ou *Pop Star* et la *Nouvelle Star* sur une chaîne concurrente ont déjà existé, aucun show mettant en compétition des danseurs de salon n'a jamais existé, c'est risqué mais audacieux. Tout le monde en a conscience. Comme je ne suis pas du genre à m'emballer, je garde les pieds sur terre. Je ne prends pas mes désirs pour des réalités et me dis que nous partons juste pour une saison, et que si le public n'est pas au rendez-vous, j'aurai vécu au moins une expérience sur une grosse émission.

Ce n'est pas la première fois que je participe à une émission de télé, mais c'est la première fois que je postule pour un format récurrent, et assorti d'un tel enjeu. Ainsi, lorsque j'avais 17 ans, j'avais enregistré avec ma sœur Céline un *C'est mon choix* intitulé « Qui va gagner notre petit concours de danse ? ». Dans les coulisses, j'y avais croisé une jeune fille d'une beauté troublante et d'un regard perçant et puissant. Elle était danseuse et se prénommait Coralie. Lors de la diffusion de l'émission, j'avais avoué mon émoi à ma mère installée devant son téléviseur : « Maman, cette fille, je vais me marier avec elle ! »

C'est à cette période que j'annonçai un soir à mes parents que j'allais arrêter mon BEP électrotechnique pour devenir danseur professionnel. Décision qui secoua ma mère mais qu'elle respecta et que mon père accepta en posant ses conditions : « Tu veux danser, tu vas danser, mais je te donne un an pour réussir. Et tu vas travailler pour payer tes cours. » J'ai donc travaillé comme maçon avec mon père et j'ai enchaîné plein de petits boulots pour financer ma passion : télévendeur, équipier chez Quick et McDonald's, Decathlon, Picard… Coralie est devenue ma partenaire et, très vite nous sommes tombés amoureux. Elle est venue s'installer chez nous, puis nous avons emménagé dans un petit studio qui appartenait à mon mon oncle et que nous lui louions. Nous travaillions, nous prenions des cours, nous nous entraînions et nous passions toutes nos économies dans la danse. Mon professeur Marc Barbieri avait monté un spectacle dans lequel il nous avait engagés comme accessoiristes. Jusqu'au jour où un couple a quitté la troupe et où nous les avons remplacés avec Coralie, pour devenir très vite le couple phare du show. Nous nous sommes produits sur plusieurs scènes et nous avons continué la compétition. C'était formidable, j'ai alors commencé à vivre un peu de la danse tout en m'épanouissant dans une extraordinaire histoire d'amour. Nous sommes partis en tournée et c'est lors d'un spectacle au palais des Congrès à Paris que les producteurs de l'émission *Danse avec les stars* nous ont repérés. Coralie n'a pas été sélectionnée pour les duos avec les stars, mais elle a été prise dans la troupe pour les danses collectives. C'était encore une façon de partager la même aventure et de continuer dans cette voie que nous avions choisie depuis si longtemps. D'ailleurs, lors de la dernière étape du casting parisien, cette détermination qui m'animait depuis tout petit m'a aidé à répondre avec aplomb à l'entretien de motivation et d'évaluation de ma personnalité :

— Vous n'êtes pas un peu jeune pour avoir une star entre vos mains ?

— Je suis peut-être jeune, mais j'ai 20 ans d'expérience dans la danse.

Dans ce grand bureau de TF1, je mesure le chemin parcouru depuis ce jour où mes parents m'ont fait confiance. Je repense aussi à ce gamin qui visionnait les cassettes de ses compétitions dans sa chambre minuscule jouxtant celle de ses parents, repassant en boucle les pas, apprenant par cœur les chansons, assis sur son pouf, sous le lit-mezzanine façonné par son père. Je repense à ce garçon qui déjà suscitait les jalousies des autres compétiteurs, à qui l'on mettait des bâtons dans les roues pour le déstabiliser, comme lui mouiller la chemise avant d'entrer en scène.

Pendant plusieurs semaines, je vais montrer aux téléspectateurs de quoi je suis capable, et essayer de faire briller la star qui sera ma partenaire. Il ne reste plus qu'à percer le mystère de son identité. J'ai tellement hâte que l'émission démarre, ce suspense me rend dingue ! En attendant, je découvre la vie parisienne. Nous, les danseurs de province, nous sommes logés dans un appartement-hôtel, ma chambre est collée à celles de Julien et de Grégoire. Je me rapproche peu à peu d'eux, et je m'aperçois que j'ai finalement beaucoup d'affinités avec Grégoire, mon « ennemi juré » des compétitions. Je commence à lier des amitiés, moi qui ai toujours été un peu sauvage, je découvre la franche camaraderie, les soirées passées à rire, les premières cigarettes, les premiers verres d'alcool, alors que je n'avais jamais vraiment fait la fête auparavant. Et puis je visite frénétiquement Paris, avec Fauve pour guide : elle me conduit à Montmartre, sur la tombe de Dalida, dans les catacombes, en balade sur un bateau-mouche… Je suis comme un enfant qui découvre le château de Disney. Tout est magique.

La veille de mon rendez-vous avec la star mystère, je ne dors pas de la nuit, je suis une vraie pile électrique. Je sais que la comédienne et chanteuse Sofia Essaïdi figure parmi la liste des personnalités, des bruits ont circulé en ce sens. Moi, je la trouve tellement belle, je rêve de danser avec elle.

Le jour J, on me conduit dans un hôtel parisien à la décoration d'inspiration espagnole, dont notamment une énorme sculpture de taureau qui m'impressionne. On me fait patienter sur un canapé, mes mains sont moites, ma bouche sèche… Les caméras braquées sur moi me mettent mal à l'aise, je n'ai ni l'habitude de fréquenter de beaux hôtels ni d'être filmé… Et là, je la vois apparaître, tellement charismatique, tant son physique est reconnaissable entre mille… Avec ce visage qu'on dirait sculpté par un artiste, l'actrice espagnole Rossy de Palma, marche vers moi. Elle est fière, son port de tête est altier. Je n'ai pas vu les films de Pedro Almodovar, mais je sais que c'est l'une de ses égéries et son aura m'impressionne d'entrée de jeu. Elle est très intimidante avec son regard étrange et son accent. J'ai l'impression qu'elle va me manger tout cru : je suis encore un tout jeune homme et elle fait si femme. Mais elle fend très vite l'armure et je découvre une personnalité drôle et chaleureuse. Elle parle beaucoup, évoque les robes que Jean-Paul Gaultier lui a confectionnées, me confie qu'elle adore le *jamón*, elle m'en met plein la vue. Je la trouve fascinante. Pendant les entraînements, elle ne me laisse pas la guider, elle prend les rênes, tant et si bien que je suis un peu tétanisé. Elle a beau être adorable avec moi, je n'ose pas lui donner de directives, alors que pourtant elle a le niveau de danse d'une débutante. Je lui glisse des conseils, je lui apprends les pas, mais je n'ai pas encore l'assurance suffisante pour la contredire et lui imposer des règles. Pour autant, nos entraînements se transforment en de véritables parties de fous rires, d'autant que nous répétons pour la première émission un cha-cha sur *Marcia Baïla* des Rita Mitsouko. La musique nous transporte et nous donne la pêche, même si Rossy s'emmêle un peu les pinceaux.

Enfin arrive le premier prime. Une fois sur le plateau à Aubervilliers, j'en prends plein les yeux. C'est en effet l'un des plus gros studios télé du PAF. Je rejoins les autres danseurs, nous enfilons nos costumes pour la première danse de groupe qui va ouvrir le tout premier prime de la toute première saison d'une émission qui d'année en année deviendra culte. 5, 4 ,3 ,2… 1. Les premières notes de *Diamonds* de Rihanna retentissent, mon cœur bat la chamade, j'ai à la fois un trac fou et une furieuse envie de danser. Toutes les lumières sont braquées sur nous, et nous voilà en direct sur TF1 ! Puis tout s'enchaîne et file à une vitesse folle, Rossy s'en tire bien sur notre première danse, nous avons de bonnes notes (deux 7 et un 8), nous sommes donc sélectionnés pour le prime suivant. Notre deuxième prestation sera, il faut bien l'avouer, catastrophique. Nous avons pourtant répété avec acharnement une chorégraphie de tango sur *Toxic* de Britney Spears, avec une mise en scène très étudiée autour de la thématique de l'avion, comme dans le clip original de la chanteuse. Je suis déguisé en steward et Rossy est une passagère sexy, elle doit arriver sur scène dans une robe lamée style Joséphine Baker. Elle descend quelques marches sur ses talons hauts, me tend un faux billet d'avion, je le jette par terre comme prévu dans la chorégraphie, elle le piétine, je glisse un peu, et là je sens sa panique. Ses bras se figent, tremblent, elle n'est plus dans la danse, elle s'arrête, saisit le micro du présentateur, demande à recommencer ! Je suis décontenancé, mon ami Chris Marques qui est dans le jury me fait un signe pour m'indiquer que c'est fichu pour nous. Je comprends alors que nous filons droit vers l'élimination. La musique reprend du début, Rossy ne se démonte pas, mais moi j'ai compris que la compétition va déjà s'arrêter là, dès le deuxième soir. Sans surprise, nous récoltons de mauvaises notes, et nous sommes éliminés. Je suis déçu, évidemment, mais il se produit alors quelque chose que je n'oublierai jamais. Tandis que que l'émission se termine, que le plateau et les coulisses se vident, que les techniciens rangent les caméras, Rossy, me regardant droit dans les yeux, me confie : « Mon plus beau cadeau c'est de t'avoir rencontré, je t'aime, mon Christophe. » Une larme perle sur sa joue, juste une larme. Je suis bouleversé de la voir si sincère, tomber le masque de la comédienne, me donner accès à cette part-là de sa sensibilité. Si Rossy quitte l'aventure, moi je reste sur les primes pour les danses de groupe jusqu'au bout des six semaines de l'émission. Mes rêves de petit garçon se réalisent. Je suis déjà arrivé au-delà de mes espérances, je danse certes devant un public, mais en plus des gens me regardent de l'autre côté de l'écran. Je pense à ma famille et surtout à mes parents, je leur suis tellement reconnaissant de m'avoir fait confiance. Je suis fier de les rendre heureux, de ne pas les avoir déçus, j'ai travaillé d'arrache-pied pour en arriver là, et si l'aventure de la télé devait s'arrêter maintenant, j'ai déjà l'impression d'avoir réalisé de grandes choses. Il faut croire en ses rêves, toujours, et surtout se faire confiance. Malgré l'adversité, malgré les échecs. Ce soir, j'ai été éliminé, mais pour moi c'est une première victoire.

L'ŒIL AU BEURRE NOIR DE NÂDIYA

Je retourne à peine à ma vie d'avant, entraînements pour les compétitions avec Coralie et Marc Barbieri, petits boulots à La Ciotat, que je reçois un coup de fil de la production : je suis sélectionné pour une deuxième saison. Pas le temps de vraiment souffler. L'émission a tellement cartonné que la chaîne décide de repartir très vite. Cette année 2011, deux saisons de DALS sont programmées, une en hiver et une en automne. C'est grisant, mais aussi un peu stressant. Je commence à m'interroger sur les raisons de mon élimination si précoce de la saison précédente, j'ai besoin de comprendre. Je téléphone à Chris Marques, qui est plus qu'un simple membre du jury : il est le directeur artistique de l'émission. Il saura me dire ce que je peux changer ou améliorer pour être plus télévisuel, car c'est bien de ça qu'il s'agit : être médiatique, faire le show, plus encore que d'être bon danseur. Chris devient très vite un ami extraordinaire, une sorte de coach à qui je peux demander des conseils à tout moment, un guide dans ce milieu qui m'est encore inconnu. Il a logé au même endroit que nous durant ces six semaines de tournage, je l'ai vu en pyjama, les cheveux en pétard au réveil, ça crée une complicité, ces moments-là ! Chris pointe ma façon de parler devant la caméra lors des magnétos : il faut que je sois plus naturel, que je me mette moins de pression lors des interviews. Je croule en effet sous les interrogations, je me demande si mon accent marseillais doit être gommé, si je commets des fautes de français à l'oral, si je suis à la hauteur des attentes de la production et du public. Il me fait comprendre que je dois rester moi-même. Pour moi, c'est une révélation : je dois juste être fidèle à qui je suis, ne pas m'éloigner de mes origines, de ce qui fait ma singularité, et arrêter de vouloir changer ce que je suis. Certes, je ne parle pas comme un homme politique ou un professionnel des médias, mais c'est ça que les gens vont aimer en moi. Je m'accroche à la petite phrase de Rossy de Palma qui me met du baume au cœur : « Christophe, tu es le plus beau cadeau », cela veut dire que si elle a aimé danser avec moi, elle a surtout été touchée par ma personnalité et ma simplicité. Je comprends qu'avec cette émission je dois apprendre un autre métier que celui de la danse. Faire de la télé, ce n'est pas la même chose. Si je suis au point sur le volet artistique, il faut que je me prépare mieux sur les plans physique et mental pour cette grosse machine, et aussi que j'adopte une attitude différente avec la célébrité que je vais devoir accompagner : être un peu plus directif, oser m'affirmer face à elle et lui faire comprendre que c'est pour de bonnes raisons.

C'est donc plein d'enthousiasme et de bonnes résolutions que j'aborde cette nouvelle saison, qui commence par la journée relooking. J'aime beaucoup ce moment, car c'est un peu la rentrée des classes et l'endroit où l'on entend toutes les rumeurs, où l'on commence à se projeter avec telle ou telle star, à essayer de récolter des informations. C'est un moment de lâcher-prise également, où l'on a des fous rires devant les coupes de cheveux des uns et des autres et les looks improbables que la production a voulu façonner pour nous. S'ils décident que tel ou tel danseur doit arriver avec les cheveux violets ou des mèches décolorées sur le plateau, nous n'avons pas notre mot à dire, mais moi, ça m'amuse. Lors de cette journée, on nous reprend les mesures. Certains ont fait de la musculation pendant l'été : Maxime, par exemple, arrive transformé, avec des pectoraux saillants et des abdominaux qui n'ont rien à envier à ceux d'un sportif de haut niveau ! On le sent motivé, prêt à en découdre.

Cette saison, nous sommes logés dans une grande maison en région parisienne, qui ressemble au manoir de Whipstaff, celui de Casper le fantôme. J'y retrouve Candice, Julien, Grégoire et Grégory Guichard, un nouveau danseur. L'endroit est immense, avec des chambres à tous les étages, beaucoup de poussière et de toiles d'araignée aussi. Nous avons dû appeler une société de ménage pour les retirer, mais la demeure nous plaît. Nous courons comme des gamins pour choisir la meilleure chambre. Il y a une suite parentale immense avec une salle de bains privative. Avec Grégoire, elle nous tente bien, mais nous décidons, galants, de la laisser à la seule fille de « la colo », Candice Pascal, elle mérite bien une chambre de princesse. Nous montons jusqu'au grenier, et là nous découvrons une chambre avec des poutres. Il n'y a qu'un seul lit, mais on m'en commande un chez Ikea. J'ai beau avoir eu le coup de foudre pour cet endroit sous les toits, j'y passe une première nuit difficile, angoissé par l'annonce prochaine des couples pour l'émission. Je sais notamment que la chanteuse Shy'm est de la partie. Je m'imagine déjà à son bras, me disant qu'on ferait un beau couple. J'ai des photos d'elle que je juxtapose aux miennes, nous avons tous les deux la peau mate, vraiment, nous sommes bien assortis, et puis elle danse déjà comme une reine, ce serait le match parfait. Le matin, quelqu'un à la prod me prévient que je vais danser avec Mimi Mathy. Je suis un peu décontenancé, je me demande si je serai capable de pouvoir imaginer une danse standard comme la valse avec elle. Mais je me jure de faire tout mon possible pour la faire briller.

La porte s'ouvre et ce n'est pas Mimi Mathy mais la chanteuse Nâdiya qui s'avance vers moi. Ses cheveux bouclés sont lâchés, elle porte une veste et un pantalon en cuir, un débardeur blanc, avec des boots, elle est très rock. Je ne peux m'empêcher de penser à son tube, *Comme un roc*. Solide comme un roc, c'est exactement ce qui émane d'elle. Elle a un regard incroyable, très noir, le plus foncé que j'aie jamais vu : je le trouve magnifique. J'y lis la force et la détermination dans ce regard. Le premier contact est un peu froid, elle est sur la réserve, sa mâchoire est serrée, et même si elle apparaît guerrière et puissante, elle me transmet immédiatement son stress. Je suis une véritable éponge, et d'ordinaire, on lit en moi comme dans un livre ouvert. Mais aujourd'hui, je vais devoir cacher mes émotions, rester très professionnel, ainsi Nâdiya, que je sens un peu vulnérable, va pouvoir se reposer sur moi.

On nous demande de réaliser une séquence pour la bande-annonce de l'émission. Le matin, je dois être sur le pont aux aurores pour tourner un petit film de présentation des danseurs pour le public. Même si ce n'est pas ce que je préfère dans l'émission, pas question de ne pas me donner à cent pour cent : ces images vous suivent ensuite. Moi, j'ai hâte de danser, il n'y a que ça qui m'apporte de réelles satisfactions. J'enchaîne l'après-midi même sur le tournage avec Nâdiya. Elle est sublime, et j'oublie le stress de notre première rencontre. Nous commençons à danser, je ressens une énergie folle, je tourne autour d'elle et, sans faire exprès, je lui assène un violent coup de coude dans l'œil ! Elle se met à saigner, je suis tellement confus que je ne sais pas où me mettre. Notre aventure ne commence pas de la meilleure façon ! Je me confonds en excuses, lui répétant que je suis « mille fois désolé ». Après avoir pris une pause lors de laquelle on désinfecte sa blessure, elle revient avec une bosse et nous réalisons quand même la séquence, même si au fond de moi je suis catastrophé. La saison n'a même pas vraiment commencé et j'ai déjà blessé ma partenaire et, j'espère que ce n'est pas de mauvais augure. Nâdiya se repose pendant quelques jours et revient pour les entraînements du premier prime. Elle a un œil au beurre noir mais elle reste très déterminée.

Notre première danse est une rumba sur *Your Song*, la version d'Amaury Vassili, une chanson que je connais bien, pour l'interpréter avec Coralie sur le spectacle *Show Dance* de notre entraîneur. Pour Coralie, c'est un peu dur, elle va me voir danser sur l'une de nos chansons phares avec une autre partenaire, en prime time à la télévision… ça fait partie des aléas de nos métiers.

L'entraînement se passe plutôt bien, j'ai un peu réussi à briser la glace. Même si Nâdiya se débrouille bien, elle n'est pas très à l'aise avec son corps, elle a du mal à lâcher prise et reste dans le contrôle. De plus, elle n'est pas très tactile, ce qui pose un problème dans la rumba qui est une danse très sensuelle et je la sens en concurrence avec Shy'm qui danse comme une panthère. Nâdiya affirme qu'elle « fait de l'*entertainment*, à l'américaine comme Jennifer Lopez, tu vois », pour se motiver elle répète « J.LO oh, oh, oh, Nâdiya, ah, ah, ah… ». Je dois avouer que ce n'est pas trop mon énergie, moi qui suis très discret. Lors du premier prime, nous avons des notes moyennes qui nous permettent de finir troisièmes ex æquo. Nâdiya veut plus, et moi aussi, car au fond je suis un compétiteur dans l'âme. Le deuxième prime arrive et nous dansons un jive. Nâdiya porte un costume d'homme et, au milieu de la chorégraphie, je suis censé le lui arracher pour dévoiler une robe rose. Lors des répétitions en costume, nous n'avons eu aucun problème à le réaliser, mais là, la veste résiste et reste coincée, je peine à la lui retirer. Même si nous parvenons à garder le sourire et à donner le change, je sais au fond que c'est fichu… La malédiction du deuxième prime vient à nouveau de me tomber dessus ! Nous recevons des notes catastrophiques, les commentaires de Chris Marques sont cinglants. Nâdiya a du mal à encaisser, en général les artistes prennent très à cœur les critiques, et la chanteuse de R&B ne fait pas exception. J'essaie de lui remonter le moral, mais au fond je suis tout aussi abattu. Pour le lui cacher, j'arbore un sourire radieux jusqu'à la fin de l'émission. La déception de Nâdiya est telle qu'elle envisage de ne pas revenir le jour de la finale à laquelle les personnalités éliminées sont appelées à participer. Pour moi, c'est plus facile, je reste dans l'émission et je vais encore pouvoir profiter de Paris et faire la fête. Encore plus que lors de la première saison.

Au manoir, c'est vraiment l'auberge espagnole, ce qui est compliqué pour les danseurs encore en compétition parce qu'il y a tout le temps de l'animation. Nous faisons venir nos amoureuses, les soirées durent jusqu'à pas d'heure, pendant lesquelles je fume quelques cigarettes et je bois quelques verres d'alcool, je suis si jeune et j'ai l'impression de n'avoir rien vécu avant, alors je me laisse prendre par ce tourbillon festif et grisant. Par ailleurs, je me rapproche encore plus de Grégoire, il devient comme mon frère jumeau, nous sommes inséparables, je découvre l'amitié, je n'avais jamais connu ça. On nous surnomme les Tic et Tac de *Danse avec les stars*, au point que lorsque nous allons ensemble à Disneyland Paris, nous achetons une tasse à l'effigie des deux personnages. Nous sommes encore deux gamins. Mon amitié avec Fauve Hautot se renforce également. Elle ne loge pas au manoir, mais dans un petit appartement parisien dans lequel elle m'invite, un minuscule studio, avec son chat, sa penderie faite de bric et de broc, trois planches en bois et un balai pour tenir les cintres, où je reste souvent dormir. Ce cadre de vie n'est pas pour moi, et je réalise pleinement la chance que j'ai de vivre dans le Sud, près de la mer et de la nature. Même si j'adore Paris, je prends conscience d'une chose : quoiqu'il arrive, j'habiterai non loin de là où je suis né. C'est mon équilibre.

Fauve est mon inspiratrice, je l'admire beaucoup. C'est lors de cette deuxième saison que j'ai pu vraiment découvrir son charisme et l'ampleur de son talent. Elle est arrivée plus resplendissante que jamais, avec son carré roux, son corps de sirène, son mental gonflé à bloc. Avec le mannequin Baptiste Giabiconi, ils forment un couple d'une beauté à couper le souffle. Quand ces deux-là commencent à danser, il se dégage quelque chose d'électrique. Fauve a une façon très sauvage de danser, et dans les chorégraphies de groupe on ne voit qu'elle. Elle a ce truc en plus, cette aura qui fait qu'elle se démarque. Évidemment, elle suscite pas mal de jalousies de la part des autres danseurs. Fauve a le projet de jouer la comédie, elle veut devenir actrice. Souvent, entre deux entraînements, elle me demande de lui faire répéter ses textes pour ses castings, ainsi je lui donne la réplique sur un canapé du studio pendant les répétitions de DALS. Nous avons beau être exténués, elle trouve encore l'énergie de travailler. Fauve porte son prénom à merveille : elle a un tempérament de feu, une vraie lionne qui ne se laisse pas abattre par l'adversité, ne se préoccupe guère des jalousies qu'elle suscite, et avance toujours droit devant elle sans se soucier du regard des autres. Elle est alignée, elle sait ce qu'elle vaut et qui elle est. Ça lui donne un aplomb formidable. Dans les couloirs du studio d'enregistrement, j'entends : « Christophe, il faut que tu trouves ton perso », « tu n'as pas de perso », « il faut que tu te crées un perso » ; en observant Fauve je suis encore plus certain qu'il faut rester soi-même. J'ai envie de leur répondre : « Mon personnage, c'est moi », je n'ai pas besoin de me fabriquer un personnage que je ne suis pas. Je suis Christophe Licata, gamin danseur de La Ciotat et rien ne pourra m'éloigner de ça.

CORALIE, LA FEMME DE MA VIE

Je la vois arriver avec sa longue robe de princesse, dont le tissu brille au soleil en ce 28 avril 2012. Elle a ramassé ses cheveux noirs en un chignon bas et élégant, son diadème se prolonge par un voile. Moi, je l'attends sous le porche à l'entrée du jardin public où j'ai passé tant de moments à jouer lorsque j'étais enfant. Elle descend de la 2 CV beige prêtée par des amis pour l'occasion, je découvre sa robe, qu'elle a bien cachée pendant toutes ces semaines. Elle est « ma » mariée, tout droit sortie d'un conte de fées, celle qui vit à mes côtés depuis près de dix ans, celle dont je suis tombé amoureux à 17 ans, sur un plateau de télévision, celle avec laquelle à l'époque je rêvais de danser.

Je me souviens encore du jour où quelqu'un de mon club de danse à Marseille m'a annoncé que Coralie Anfray voulait faire un essai avec moi.

« Coralie Anfray ? Mais c'est la femme de ma vie », avais-je pensé immédiatement. Je l'avais contactée sur les réseaux sociaux. À ce moment-là, elle vivait en région parisienne mais elle pouvait descendre dans le Sud. Rendez-vous fut pris au péage de La Ciotat, où elle se rendit accompagnée de sa tante et sa mère. Elle était belle comme un cœur, plus encore que dans mes souvenirs. J'ai repéré ses discrètes boucles d'oreilles vert émeraude qui contrastaient avec le noir de ses cheveux lisses et brillants. Elle était très distante avec moi, une distance que je mettais sur le compte de la timidité et de la pudeur. Moi je suis un méditerranéen, je suis moins dans la retenue. Nous sommes allés à la salle Subilia, où je m'entraînais lorsque j'étais enfant, là où j'avais appris à danser avec ma sœur. Nous avons esquissé quelques pas. C'était magique. Je dansais avec la femme de mes rêves, et l'accord entre nous a été immédiat. Elle m'a tout de même demandé un peu de temps pour réfléchir avant d'accepter d'être ma partenaire en compétition. Quelque temps après, nous avons commencé à nous envoyer des textos, elle m'assurait qu'elle avait aimé danser avec moi, mais elle restait un peu mystérieuse sur ses intentions. Devenir ma partenaire impliquait qu'elle vienne s'installer dans le Sud chez sa tante. Ma mère m'avait conseillé d'arrêter de rêver de cette fille. Moi, j'étais persuadé qu'il y avait quelque chose entre nous. Coralie m'a finalement écrit que sa mère était d'accord pour qu'elle me rejoigne, mais qu'il fallait qu'elle passe d'abord son bac. Ce que j'ai tout à fait compris. En attendant, nous maintenions le lien, nous nous appelions tous les jours, nous étions tous les deux fans de la *Nouvelle Star*, et nous avons voté en même temps pour Amel Bent.

Et me voilà aujourd'hui prêt à l'épouser. Après deux saisons de DALS. J'ai fait ma demande de façon un peu banale, rien de très romanesque, lors de vacances à Bayahibe, en République dominicaine, allongé sur un transat au bord de la piscine. Subitement, l'envie de la demander en mariage m'avait pris, et je lui avais proposé de m'épouser comme si je lui avais offert d'aller lui chercher un Coca. Elle a accepté, malgré le manque de romantisme – il faut dire que le cadre s'y prêtait tout de même ! J'ai appelé ma mère pour lui annoncer que ce que je m'étais promis de faire des années auparavant alors que je sortais à peine de l'adolescence était sur le point de se réaliser. Pour moi, le mariage est quelque chose d'important, je viens d'une famille très attachée aux valeurs traditionnelles, et après dix ans d'amour, il était temps de construire une vie à deux, d'autant que notre couple était solide et que nous partagions les mêmes passions. Si Coralie était partante pour le mariage, il était en revanche encore trop tôt pour évoquer la question d'avoir un enfant, chose qui commençait à me travailler. Elle était danseuse, je comprenais que ce n'était pas encore le moment pour elle de mettre sa carrière quelque temps entre parenthèses.

Nous prenons le chemin de l'église où mes parents se sont unis. Ma mère se tient devant la grande porte en bois, son émotion est telle qu'elle en tremble, verse sa larme et me dit « merci ». Ce n'est pas le genre de maman à s'émouvoir ainsi, ce qui rend le moment d'autant plus unique. Je suis fier de me marier et que mes parents m'accompagnent dans ce moment si fort. J'ai tellement d'amis qui ont perdu les leurs avant ce moment si particulier que je mesure pleinement ma chance de les avoir à mes côtés aujourd'hui. J'entre au bras de ma mère dans la chapelle, au son d'un chœur de gospel. Cet instant est magnifique, tous mes amis sont présents, tous ceux qui comptent pour moi. Ma famille, celle de Coralie et les danseurs de l'émission aussi ! Et bien sûr, j'ai choisi Grégoire Lyonnet pour être mon témoin. La veille, la bande de DALS m'a préparé une fête du tonnerre. Après un restaurant bien arrosé, nous avons passé des heures à danser sur un parking, à improviser des chorégraphies sur les toits des voitures, reproduisant des clips de Michael Jackson. Je suis rentré chez mes parents assez éméché, et je suis resté bloqué dans la salle de bains, mon père a dû dévisser la poignée pour m'ouvrir la porte et que je ne rate pas la cérémonie. Dans l'église se trouve également ma grand-mère maternelle dont j'ai toujours été très proche. Elle n'est pas vraiment en forme ces derniers temps, et elle est obligée de se déplacer dans un fauteuil roulant. Pour la photo à la sortie de l'église, elle réussit malgré tout l'exploit de tenir debout.

Je suis très touché par toute cette chaleur humaine. Je me rends compte que mes deux familles se sont donné rendez-vous à mon mariage : ma famille de sang et de cœur et celle, naissante, de *Danse avec les stars*. J'étais loin d'imaginer que cette dernière, toute récente, allait faire partie de ma vie encore pendant douze ans et certainement bien plus encore pour certains membres.

Je vis une période fabuleuse, je m'épanouis dans la danse, je m'épanouis en amour et en amitié, et je reçois le coup de fil de la production pour m'annoncer qu'une troisième saison de DALS m'attend. Cette fois-ci, je suis bien décidé à braver la malédiction du prime 2 et à aller le plus loin possible dans l'aventure.

AMEL BENT, MA MUSE

Fin de l'été 2012, je me trouve dans un grand hôtel parisien, vêtu comme un mannequin. Un costume blanc immaculé, des chaussures de marque, les cheveux plaqués en arrière. Le photographe de mode Greg Alexander me demande de prendre la pose sur des fauteuils en velours. Je ne suis pas très à l'aise, mais je fais ce qu'il me dit ; après tout, c'est un grand professionnel et je n'ai aucun doute sur le fait que le résultat sera magnifique. C'est ma première vraie séance photo et je ne connais pas bien cet univers. Je change de tenue et enfile un costume noir avec un nœud papillon, manipulant une montre à gousset. Je la place devant mon œil et me fais gentleman. Je me prends au jeu et commence à me détendre devant l'objectif.

La saison 3 de l'émission doit commencer dans quelques jours. J'ai passé l'été à me préparer à l'idée de faire danser l'ancienne championne d'escrime Laura Flessel. Mon instinct me dit que c'est avec elle que je vais former un duo. J'ai regardé de nombreuses vidéos de la « Guêpe » en compétition ; elle est vive et combative. J'imagine déjà des musiques et des chorégraphies qui pourraient la mettre en valeur. Le défi de danser avec une grande championne d'une discipline aussi rigoureuse que l'escrime m'enthousiasme. Durant toute la séance photo, je pense à ma prochaine rencontre avec Laura. Soudain, mon téléphone sonne en plein shooting, c'est la productrice de l'émission.

— Bonjour, Christophe, tout se passe bien ? Tu as deviné avec quelle star tu vas faire la saison ?

— Je crois que je suis avec Laura Flessel...

— Ah ? Et tu es content ?

— Oui, oui, je suis au taquet, j'ai déjà plein d'idées, ça va être génial !

— Ok, donc ton premier entraînement avec elle, c'est demain, tu dois avoir hâte...

— Oui, tellement hâte.

— Mais Christophe, tu es vraiment sûr d'être avec Laura Flessel ?

— Oui, pourquoi ?

— Ben... en fait, je peux te le dire, parce qu'on ne veut pas que tu aies une réaction excessive à la caméra...

— Quoi ? Je ne suis pas avec Laura ?

— Non, Christophe, tu es avec… Amel Bent !

Amel Bent ! Je n'en crois pas mes oreilles. Amel Bent, celle que j'ai soutenue à la *Nouvelle Star*, celle dont je connais toutes les chansons par cœur, celle dont j'admire l'énergie et la carrière. J'en ai des spasmes de joie, je suis presque en transe de bonheur. J'ai envie de crier ma satisfaction, mais je me retiens. C'est un peu comme si le père Noël m'avait apporté le cadeau dont j'avais le plus rêvé. Je n'en reviens pas, je vais passer des heures avec Amel Bent, ça va être fou.

Après une nuit d'insomnie provoquée par l'excitation de rencontrer la chanteuse, j'arrive enfin au studio de l'Olivier, où ont lieu les entraînements, nous avons baptisé ce lieu ainsi en raison du véritable olivier qui pousse dans le hall d'entrée. Mes mains sont moites, mon cœur bat la chamade ; j'essaie de garder mon sang-froid. Il faut que je donne l'image de quelqu'un de sérieux, de solide et calme, qui sait maîtriser ses émotions. Je canalise le fan en moi pour ne montrer que le danseur professionnel. Je monte les escaliers qui mènent à la porte noire derrière laquelle se tient la star. J'ouvre et je découvre un petit bout de femme, souriante et chaleureuse. Le feeling passe tout de suite entre nous, mais déjà je crains de ne pas être à la hauteur.

J'ai été éliminé deux fois lors du deuxième prime et je ne me sens pas légitime par rapport à Maxime Dereymez, qui a fait danser Sofia Essaïdi et gagner Shy'm ! Je suis certain que tout le monde rêve de l'avoir comme partenaire. Je manque de confiance en moi, d'autant plus que lors de la conférence de presse de l'émission, le manager d'Amel a jugé que j'étais un peu « gringalet » par rapport à elle, qui est voluptueuse. Heureusement, Amel a répondu : « Non, non, il est très bien, mais il faut qu'il soit une "reusta" ! » Voilà, les choses sont clairement énoncées. Avec Amel, il va falloir sortir les chevaux. Très vite, je comprends qu'elle a de l'ambition et que j'ai tout à apprendre de cette soif de gagner et de cette énergie positive. Dès les premières répétitions, je réalise qu'elle est dans le partage et la générosité, qu'elle n'est pas individualiste. Elle a autant envie que je la fasse briller que de me mettre en valeur. Et ça, c'est très rare chez les personnalités.

Dès les premiers entraînements, une alchimie exceptionnelle s'instaure. J'adore aussi son franc-parler et sa large palette artistique. Cette fille n'est pas seulement douée pour le chant, elle a un côté caméléon et peut tout faire, même jouer la comédie. Vu l'étendue de ses multiples talents, je vais à coup sûr m'éclater. De plus, elle a une énergie contagieuse, elle est hyperactive, ne s'arrête jamais, chante toute la journée, pour mon plus grand bonheur. J'ai droit à des concerts privés d'Amel Bent tout en lui apprenant à danser, c'est exaltant. Je lui enseigne les mouvements en m'adaptant à son langage corporel, je me nourris de sa personnalité, de sa façon d'être, de bouger et même de parler. Chaque chorégraphie devient une chanson. Chaque pas correspond à une note, chaque note correspond à un pas. Je fais du sur-mesure. Amel m'inspire une nouvelle façon de travailler ; elle est une muse pour moi. Grâce à elle, je suis bien plus qu'un professeur de danse, je deviens chorégraphe.

Nous préparons le premier prime, où nous devons danser un quickstep sur *Single Ladies* de Beyoncé. Amel adore la musique, mais elle me reproche rapidement de concocter quelque chose d'un peu trop scolaire ; elle voudrait plus de folie, plus d'audace. Je pourrais mal prendre sa remarque, rester dans le rôle de l'enseignant et lui répondre que c'est ma chorégraphie, que je suis le danseur professionnel et qu'elle n'a pas son mot à dire. Mais je comprends tout de suite qu'elle a raison. Pour moi, c'est le déclic : il faut que j'arrête les chorégraphies trop sérieuses, comme celles que je pratique dans les concours de danse. L'émission est avant tout un show, il faut penser aux téléspectateurs, surprendre et se surprendre soi-même. Je place donc un « *break* » en plein milieu de la chorégraphie, une rupture de rythme et de style, après une première partie de pur quickstep. Puis nous enchaînons sur quelque chose de beaucoup plus moderne, afin de coller à la personnalité de Beyoncé et aux paroles. J'ai envie qu'Amel s'amuse, qu'elle s'épanouisse, qu'on s'éclate ensemble et de transmettre cette énergie au public. Nous avons la production avec nous, et notre duo suscite de l'intérêt. C'est grisant. Alors, je tente une chose audacieuse : je vais placer un grand écart à la fin de la chorégraphie ! Amel peut le réaliser et nous surprenons tout le monde. Le pari est gagné. Elle cartonne, nous ne récoltons que des 8 et des 9. Entre nous, c'est magique, j'ai l'impression d'avoir une sœur ou une cousine dans les bras, comme si nous nous connaissions depuis des années. C'est la première fois que je ressens cela avec une célébrité. Avec elle, je ne suis plus dans la relation star-danseur comme lors des deux premières saisons. Amel me considère comme son égal. Elle n'hésite pas à me dire quand quelque chose cloche, par exemple en refusant de danser sur une musique qu'elle ne supporte pas.

Ainsi, la troisième semaine, la production nous demande de préparer un jive sur *Fallait pas commencer* de Lio. Amel me confie qu'il est impossible pour elle de danser sur du Lio, car celle-ci n'aurait pas apprécié l'interprétation d'une de ses chansons lors de l'émission *Nouvelle Star* quelques années auparavant. Je lui apprends les pas du jive sans musique ; ce qui est très difficile, car c'est une danse qui va très vite. Je ne suis pas inspiré pour créer une chorégraphie dans de telles conditions. Le mercredi, l'entraînement se déroule mal, elle s'entête et refuse toujours de danser sur Lio. C'est vraiment une semaine noire. La fatigue et l'exaspération me gagnent. Je lui montre la chorégraphie, elle me balance qu'elle la trouve « merdique », qu'on ne va arriver à rien et qu'on va droit à l'humiliation lors du prime. J'arrive au bout de ma patience. Je prends sur moi jusqu'à la répétition du jeudi, mais elle continue avec sa complainte :

— On ne va rien réussir, c'est la catastrophe…

Je n'en peux plus d'entendre ça et de ne pas réussir à débloquer la situation.

Soudain, je me retourne vers elle, je la fixe droit dans les yeux et j'ose :

— Tu as raison Amel, on va se planter. Ça va être une catastrophe. Une vraie catastrophe. On va avoir des mauvaises notes. Ça va être horrible. Ce n'est même pas la peine d'y aller.

Elle me regarde, interloquée, puis elle me prend par la main.

— Non, non, viens, on va le faire, ça va être génial !

La musique est lancée, elle décide de faire abstraction et de se concentrer sur la chorégraphie. Et c'est l'émulation, nous entrons en osmose artistique, nous inventons des choses un peu folles. Je lui propose de monter sur le bureau du jury et de sauter en l'air ensuite en grand écart ! Elle dit oui à toutes mes propositions, et on se régale. Sur le prime, c'est encore plus fort, elle est incroyable, j'ai l'impression qu'elle est montée sur ressorts tant elle déborde d'énergie. La musique s'arrête, mais elle, elle continue, elle joue avec le public. Comme une comédienne espiègle. Cette fille, c'est le feu ! J'adore ! Les notes suivent : Artistique, 10, 10, 10, 8. Technique, 10, 9, 9, 8. Nous terminons ce troisième prime à la première place.

Mais nous ne nous reposons pas sur nos lauriers. Avec Amel, nous travaillons de plus belle, du matin au soir s'il le faut, tant que nous ne sommes pas tous les deux pleinement satisfaits. Ce n'est pas de tout repos, d'autant que ma partenaire a un tempérament éruptif, et donc l'aventure est émaillée de clashs et d'éclats de voix. Les engueulades sont compréhensibles dans une pareille émission où nous sommes presque 24 heures sur 24 avec nos stars. Il arrive aux célébrités de tester nos limites, comme le font les enfants. Moi, je reste très calme, et puis, à un moment, quand ça va trop loin, j'explose, je suis volcanique. Amel aussi est comme ça. Ça doit venir de notre côté méditerranéen.

Au-delà des performances toujours très réussies de notre duo, notre complicité plaît énormément au public. Et pourtant, il ne faut pas toujours se fier aux apparences : une fois les caméras éteintes, nous ne sommes pas toujours au diapason. Nous nous disputons souvent, on se hurle des grossièretés, les portes claquent, puis nous nous réconcilions aussitôt. Plus les semaines et les entraînements s'accumulent, plus la fatigue se fait sentir, plus nous sommes à fleur de peau. Les émotions sont décuplées. Il m'arrive de pleurer tant je suis fatigué.

Amel recommence à être un peu pénible, à refuser de faire certains pas, à me dire que mes explications ne sont pas claires. Je la trouve souvent de mauvaise foi, et je sais qu'elle me teste. Alors, je n'hésite pas à me défendre. Ainsi, lors d'une répétition pour le septième prime, à laquelle assiste la sœur d'Amel, je lui assène :

— Ce n'est pas parce que tu t'appelles Amel Bent que je vais prendre des pincettes pour te dire quand ça ne va pas… Ici, c'est ma salle de danse.

Sa sœur vient me voir :

— Personne n'a jamais parlé comme ça à ma sœur.

Le lendemain, nous devons tourner une séquence pour l'émission au musée Édith Piaf, dans le 11e arrondissement de Paris, car nous devons danser cette semaine un fox-trot sur *Je ne regrette rien*. Nous sommes encore fâchés, ma star et moi. L'ambiance est glaciale, mais très vite, Amel, fan de Piaf, se détend et se rapproche de moi à mesure que passe la matinée. À un moment, un incident nous fait nous reconnecter : le cadreur monte sur un canapé qui est en fait une pièce du musée, et se fait engueuler par le guide qui nous fait la visite. Je sens qu'Amel a envie de rire, moi aussi. Puis nous repérons des bonbons La Pie qui chante dans une petite boîte. Amel a soudain le regard malicieux, nous nous comprenons sans nous parler, et, en même temps, nous glissons quelques gourmandises dans notre poche, car nous croyons qu'elles ont appartenu à la chanteuse. Ainsi, nos coups de sang se sont finalement toujours transformés en coups de cœur.

Très vite, notre relation, aussi intense que tumultueuse, suscite l'intérêt des médias et des rumeurs commencent à se répandre dans les journaux et sur les réseaux sociaux. Des paparazzis nous traquent. Un soir, nous allons ensemble à une avant-première de film et le résultat ne se fait pas attendre, la presse people titre : « Amel Bent ne se sépare plus de son danseur ! » Je découvre le tourbillon médiatique, c'est très violent. Je suis marié, je tiens à préserver Coralie. Elle me fait confiance, mais je dois lui rappeler qu'Amel est comme une sœur pour moi, qu'il n'y a aucune ambiguïté entre nous. Moi, je suis bien dans mon couple, et rien ne pourra perturber cet équilibre.

Bien sûr, dans la danse de salon, une proximité, une complicité s'instaure nécessairement avec la partenaire, mais je sais faire la part des choses. Comme j'ai appris la danse avec ma sœur, je n'ai pas le même rapport au corps que certains. Je ne projette rien de sexuel, même dans des danses très sensuelles, comme la rumba. Souvent, on me dit : « Quand même, la danse, ça rapproche… Vous vous touchez… » Pour moi, c'est uniquement du spectacle et de la mise en scène. Avec Fauve Hautot et le chanteur Emmanuel Moire, nous sommes les deux duos les plus prometteurs de cette troisième saison, donc nous attirons tous les regards, attisons les critiques et les jalousies. Les téléspectateurs confondent duo dans l'émission et couple dans la vie, la presse alimente les ragots, ça fait monter le buzz et ça crée de l'audimat. Je fais partie de ce système, j'en ai conscience, et je dois me protéger pour ne pas me faire engloutir. Je me concentre sur l'essentiel : la danse.

À l'approche de la finale, je suis confiant, car nous avons été irréprochables toute la saison sur les plans artistique et technique. Néanmoins, face à nous, le niveau est très élevé, Fauve et Emmanuel Moire brillent de prime en prime. Le défi est exaltant. Amel est pleine de ressources, et malgré la fatigue, nous croyons fort à une victoire. Et quoi de plus beau qu'une rumba sur *Ma Révérence* de Véronique Sanson pour terminer le programme. Cependant, je commence à être un peu à court d'idées pour les chorégraphies. Avec Amel, nous cherchons l'inspiration en visionnant des clips. Un soir, je tombe sur une vidéo de Pink, *Try*. La chanteuse exécute un porté novateur : c'est elle, ce tout petit gabarit, qui soulève son partenaire. Toute la saison, nous avons placé beaucoup de portés dans nos chorégraphies, tous aussi acrobatiques les uns que les autres. Pourquoi ne pas tenter ce porté inversé avec elle ? Elle est suffisamment forte pour le réaliser. Et puis ce serait un pied de nez à tous ceux qui l'ont raillée sur son « surpoids » – il faut dire qu'elle en a essuyé des horreurs sur les réseaux, qui la comparent parfois à un « éléphant dans un magasin de porcelaine », ce qu'elle a toujours encaissé avec élégance.

Le soir de la finale vient le moment tant attendu du fameux porté. Je suis au sol. Amel m'attrape par la jambe, et je bascule en semi-écart au-dessus d'elle. Mon corps est en lévitation un instant. Le temps se fige, il n'y a pas un bruit sur le plateau. J'ai l'impression de vivre cette scène au ralenti. Puis, tout à coup, le rythme s'accélère. Je me redresse, Amel saute dans mes bras, s'agrippe à mes hanches, et nous tournoyons enlacés. L'émotion est à son comble. Nous avons tout donné. Les notes tombent, sans appel : nous obtenons huit fois dix ! Aucun couple n'a réussi à obtenir un tel score dans l'histoire de *Danse avec les stars*. Nous frôlons la perfection. Mon audace a payé, et Amel s'est surpassée. Notre duo explosif a su surprendre tout le monde. Pour moi, cela ne fait aucun doute, nous avons gagné.

Cependant, les confettis de la victoire tombent sur Emmanuel Moire et Fauve Hautot. J'ai beau apprécier ces deux candidats qui sont mes amis, je ne peux pas m'empêcher de trouver la décision injuste. Tout au long de la saison, nous avons été les meilleurs, les plus constants dans nos performances. En parallèle de ça, je dois reconnaître qu'Emmanuel a su émouvoir la France entière dès le deuxième prime, en dansant sur sa propre chanson *Sois tranquille*, écrite en hommage à son frère jumeau décédé trois ans auparavant, percuté par un chauffard. Ce moment a été l'un des points forts de la saison, à cette étape, on demande aux stars de partager une *personal story* « une histoire personnelle », leur permettant d'exprimer des émotions profondes à travers la danse.

Nous échouons donc, au pied du podium. La défaite est lourde. En toute objectivité, Amel est la plus méritante de cette troisième saison. Elle a réalisé une saison incroyable et contribué à développer ma part de créativité. À son contact, je me suis surpassé, les idées ont fusé, faisant de moi non plus un simple danseur, mais un chorégraphe. Pour moi, cela a été une véritable révélation.

*

Après trois mois de complicité intense avec Amel Bent, la fin de l'émission sonne comme une rupture brutale. Les caméras s'éteignent, les lumières s'évanouissent, et je rentre chez moi, entouré des miens certes, mais avec malgré tout la sensation d'un vide immense. Amel est devenue une amie proche, presque comme une sœur. Cette séparation, bien que prévisible, s'avère aussi intense que déconcertante. Nous vivons mal notre éloignement soudain.

« C'est si étrange de ne plus te voir tous les jours, » me confie-t-elle un soir au téléphone. Je partage son désarroi, mais les rumeurs médiatiques ne faiblissent pas et je dois préserver mon mariage.

Coralie mérite que je sois pleinement présent après ces semaines d'absence. Je dois retourner dans ma bulle familiale. Avec Amel, nous convenons donc d'un commun accord de couper les liens. C'est une décision difficile, mais nécessaire pour le bien-être de chacun. Pendant plusieurs semaines, nous ne nous donnons plus de nouvelles, nous devons « défusionner ».

Très vite je me recentre sur les compétitions avec Coralie. Juste après la saison 3, je me prépare pour les championnats du monde de danse latino-américaine à Moscou. C'est l'occasion rêvée de rattraper mon rendez-vous manqué avec la Russie durant mon adolescence.

Coralie est impatiente de reprendre la route avec moi. Le jour J arrive, et l'excitation est palpable. Alors que je scrute les autres danseurs, je sens que nous exécutons nos pas de manière un peu mécanique. J'ai l'impression d'avoir déjà vécu ce moment des dizaines de fois. Malgré l'enjeu, une lassitude m'envahit. Je me sens comme un animal qu'on mène à l'abattoir. Les sacrifices, les sommes investies pour nos tenues, la fatigue accumulée… tout cela me dégoûte. Je sature.

Nous terminons la compétition à la quatorzième place, un résultat correct, mais j'ai l'impression que le feu n'est plus au rendez-vous. À l'aéroport, je prends une profonde respiration avant d'annoncer à notre entraîneur que j'arrête la compétition. Sa réaction est immédiate. Je lis la déception dans ses yeux, et je sais que ce choix l'affecte. Nos rapports se sont tendus ces derniers temps, et il a dû sentir qu'après toutes ces années je finissais par lui échapper.

Une fois la décision prise, je me sens comme délesté d'un poids. Coralie me comprend parfaitement, et nous avons toujours nos spectacles ensemble. Je sens que je vais pouvoir exprimer pleinement ma passion pour la danse sans les contraintes de la compétition. Pour moi, *Danse avec les stars* a sans aucun doute possible élargi mes horizons. J'adore la danse de salon, mais je réalise que ce milieu est souvent trop fermé, limité par des codes et des règles rigides. Des carcans que moi j'aspire à briser. Je me sens enfin libre. La danse est pour moi une forme d'expression, une façon de communiquer sans mots, et je suis déterminé à la vivre pleinement.

Souvent, dans ce tourbillon de la vie, je pense à Amel, à notre complicité. Huit mois que je suis sans nouvelles, ce long silence qui pèse sur nos cœurs et notre amitié. Un jour, alors que je suis de passage à Paris, je ressens le besoin urgent de la recontacter. Je lui envoie un message :

— Comment vas-tu ?

Sa réponse arrive sans tarder :

— Ben, t'es où ?

— À Neuilly…

— Moi aussi, viens me retrouver au Franprix !

C'est un rendez-vous improvisé, et je ne peux m'empêcher de sourire à l'idée de cette rencontre inattendue. Je me rends au supermarché, mais l'excitation et l'appréhension me paralysent un peu. À l'idée de la retrouver après tout ce temps, je suis à la fois exalté et nerveux. Je n'ai aucune idée de l'endroit où elle pourrait se trouver. En flânant dans les allées, je l'aperçois enfin, qui déambule entre les rayons.

Nous sommes tous les deux un peu maladroits, ne sachant pas si nous devons nous jeter dans les bras l'un de l'autre ou garder nos distances. « Ça fait tellement longtemps, » murmure-t-elle. Son sourire illumine son visage. Je suis si ému de la revoir après tout ce que nous avons partagé.

« On pourrait aller manger au McDo », propose-t-elle, de l'enthousiasme dans la voix. En passant près des caisses, j'entends des murmures :

— Mais c'est Amel Bent et Christophe Licata…

Je commence à réaliser que ma notoriété, acquise grâce à la dernière saison de l'émission, prend une ampleur inattendue. La reconnaissance dans la rue devient une réalité quotidienne, avec ses désagréments, mais je fais de mon mieux pour rester humble et accessible.

Ces retrouvailles cocasses dans un supermarché ont renoué un lien qui s'était distendu avec Amel. Ainsi, même si nous n'allons plus avoir l'occasion de nous revoir pendant plusieurs années, nous savons que nous pouvons compter l'un sur l'autre.

LES PÉRIPÉTIES DE LAËTITIA MILOT

Rentrée 2013. Je retourne « à l'école », comme un débutant. Avant la nouvelle saison de *Danse avec les stars*, nous devons tous suivre une formation en danse contemporaine avec Marie-Claude Pietragalla, qui entre par la même occasion dans l'aventure en tant que jurée.

La semaine de stage doit se dérouler dans le studio parisien de la célèbre chorégraphe et de son époux Julien Derouault. En arrivant, je suis partagé entre excitation et appréhension. Du contemporain, j'ai l'image de personnes un peu bizarres qui expriment des émotions de manière étrange. Je n'ai jamais fait de danse contemporaine auparavant, et je sais aussi que c'est très technique. Pour nous, la danse sportive, c'est un peu comme tricoter ; nous avons nos routines bien en place. Mais ici, face à Marie-Claude Pietragalla, c'est une tout autre histoire. Il faut sortir de sa zone de confort. Une fois la musique lancée, elle nous dit simplement : « Dansez ! »

L'improvisation est totale. Je suis un peu perdu au milieu de la salle, ne sachant pas quoi faire. C'est vraiment gênant de se retrouver, à l'âge adulte, dans une situation où l'on se sent à ce point comme un enfant. Tous mes repères s'effondrent. Au lieu des mouvements soigneusement chorégraphiés que j'ai appris en danse sportive, je dois laisser parler mon cœur et ma créativité.

Marie-Claude commence à nous donner des codes, mais c'est loin d'être suffisant. Fauve, qui a également une formation en contemporain et modern jazz, est un peu moins perdue que nous. Mais je la sens tout de même tendue. « La Pietra » nous fait passer un par un pour improviser. Chaque fois, c'est un moment d'angoisse.

Après cette expérience, j'ai décidé de prendre des cours supplémentaires pour me perfectionner. Mais cette semaine de stage avec cette immense danseuse m'a ouvert les yeux sur l'importance de la danse contemporaine et m'a motivé à explorer cette nouvelle dimension artistique. Encore une fois, j'ajoute une nouvelle corde à mon arc. Et le contemporain m'a permis d'intégrer des touches plus ambitieuses et plus modernes à mes chorégraphies. Je serai toujours reconnaissant à cette grande dame de la danse d'avoir élargi mon horizon.

*

Pour la quatrième saison de l'émission, qui est diffusée durant tout l'automne 2013, j'appréhende un peu la rencontre avec une nouvelle star, tant je suis encore marqué par mon aventure humaine et artistique avec Amel Bent. Cette fois, la production ne fait pas de mystère quant à l'identité de ma partenaire : il s'agit de l'actrice Laëtitia Milot, connue pour son rôle emblématique dans *Plus belle la vie*. Je n'ai jamais vu la série, malgré son énorme succès, et je ne mesure pas encore la popularité incroyable de son héroïne. C'est un comble pour un Marseillais, un peu comme si je ne connaissais pas la bouillabaisse ou l'OM.

C'est à moi de me présenter à elle lors de nos présentations filmées, et la consigne est que je dois la surprendre. J'arrive dans la salle au studio de l'Olivier, le cœur battant d'excitation et d'angoisse. Laëtitia est de dos, absorbée dans ses pensées. Je m'approche sans bruit et lui cache les yeux de mes deux mains. Elle se retourne et un éclat de surprise illumine son visage, suivi d'un saut de joie lorsqu'elle me voit. Sa réaction est contagieuse, elle apaise les doutes que je pouvais avoir, et me donne confiance. Il faut dire que j'ai acquis de l'assurance avec Amel et que désormais je fais partie des danseurs avec lesquels les personnalités ont envie de faire l'émission. C'est un sentiment qui réchauffe le cœur. J'ai acquis une légitimité incontestable, mais je ne compte pas pour autant m'endormir sur mes lauriers.

Dès notre première rencontre, le lien se tisse naturellement. Laëtitia est une grande fan de l'émission, elle rêve depuis longtemps d'y participer, et son enthousiasme est palpable. Ses yeux brillent d'excitation et cela facilite d'emblée notre travail. Elle n'a jamais pris de cours de danse auparavant, ce qui représente un défi à la fois exaltant et intimidant. Cependant, je suis impressionné par son potentiel. Je projette les rôles que je vais lui demander d'interpréter via la danse. Mais, en tant que véritable débutante, elle montre parfois de la raideur dans ses mouvements. Je sens que c'est à moi de l'aider à déployer ses ailes.

Pour l'assister dans sa progression, dès le premier entraînement, j'adapte mon approche pédagogique. Je simplifie les concepts en utilisant des métaphores visuelles qui lui parlent. Par exemple, je lui demande de lever le bras « comme si elle faisait du stop ». Cette méthode, ludique et accessible, lui permet de comprendre plus facilement les techniques de danse, tout en rendant l'apprentissage moins intimidant. Laëtitia se montre incroyablement motivée et déterminée à progresser, et j'adore travailler avec elle. Je sens notre complicité grandir à chaque pas, à chaque mouvement.

Lors des primes, elle obtient le soutien sans faille du public, qui semble conquis par sa personnalité solaire et sa notoriété liée à la série phare de France 3. C'est comme si un halo de bienveillance l'entourait à chaque apparition. Toutefois, elle se heurte à plusieurs obstacles au cours de la compétition, notamment des blessures. Ainsi, elle subit une élongation musculaire dès le début de notre premier entraînement, ce qui la force à interrompre sa préparation pour un temps. Dans un élan de transparence, elle annonce sa blessure au public sur Twitter tout en m'adressant un message : « Désolée, mon Christophe, aujourd'hui pas d'entraînement. Verdict : j'ai une élongation, aïe aïe, ça fait très mal. On se rattrapera. » Je comprends son désarroi et lui envoie quelques encouragements : « T'inquiète, c'est ton corps qui se transforme en danseuse ! Oui, on se rattrapera demain, pas le choix ! Et repose-toi ! »

Quelques semaines plus tard, c'est à mon tour d'endurer une blessure, plus grave encore. Pour le septième prime, nous devons intégrer un porté difficile inspiré du *cheerleading*, un sport d'équipe mixte, originaire des États-Unis, qui mêle des éléments de danse, de gymnastique acrobatique, ainsi que des portés, des pyramides et de la voltige. C'est une discipline particulièrement périlleuse, et la production fait venir une troupe de *cheerleaders* pour nous expliquer quelques figures. Mais très vite, c'est à nous de jouer. Je dois lancer Laëtitia en l'air puis la réceptionner. Chaque répétition est un défi. Nous enchaînons l'acrobatie à plusieurs reprises, car l'actrice ne retombe jamais bien en position.

La veille du prime, nous travaillons à nouveau la figure, et là, c'est le drame : Laëtitia tombe sur ma nuque. Je sens une douleur vive irradier mon cou, une forte nausée gagne ma gorge. J'entends tout le monde qui s'agite autour de moi, des voix paniquées : « Vite, il faut appeler les secours ! » En attendant leur arrivée, on m'allonge par terre. Je suis dans les vapes, la douleur est de plus en plus vive. Les pompiers arrivent enfin et m'installent sur un brancard. Je suis semi-conscient, mais je vois Fauve débouler en trombe, le regard affolé. Elle insiste pour m'accompagner, elle s'inquiète, car elle sait que je suis seul à Paris. Je parviens à la rassurer et je la dissuade de monter dans l'ambulance, histoire qu'elle ne rate pas son entraînement elle aussi.

Julia, qui travaille sur la production, prend place dans le camion des pompiers avec moi. Nous sommes conduits aux urgences de l'hôpital de Saint-Denis. L'endroit est glauque, je n'oublierai jamais les cris et l'image d'un homme avec un bras en moins qui passe à côté de moi. J'attends jusqu'à 4 heures du matin sur un brancard dans un couloir triste, je me sens comme un naufragé dans cet océan d'incertitudes. Julia me tient la main pendant tout ce temps, son soutien est précieux. Enfin, je passe des examens, et le médecin me donne le verdict que je redoutais : c'est une entorse aux cervicales. Il me prescrit des calmants contre la douleur, mais je sais que le chemin sera long. Je peux rentrer chez moi, avec la mise en garde du médecin : la douleur peut se raviver à tout moment.

Julia me raccompagne à l'appart-hôtel où je réside. Je me couche et je finis par m'endormir, épuisé. Quelques heures plus tard, je rouvre les yeux, j'essaie de me redresser, en vain. Mon cou est complètement bloqué. J'essaie une torsion à droite, impossible, une torsion à gauche, ça coince aussi. Tout mon corps se paralyse. Je ne peux pas me lever. Je tente de me tourner sur le côté et je finis par tomber du lit. Je prends conscience que ma situation est préoccupante. Je réussis à mettre la main sur mon téléphone et j'appelle la production pour leur dire que je ne pourrai pas danser durant le prime. Ils m'envoient une ambulance qui me ramène à l'hôpital. Cette fois-ci, le médecin me prescrit de la cortisone et des infiltrations, car il s'agit d'une hernie discale. Pas question de danser pendant quelque temps. Maxime Dereymez me remplace au pied levé.

J'assiste au prime avec une minerve, le cœur lourd. Il faut bien que Laëtitia danse et poursuive la compétition, mais c'est un crève-cœur pour moi de voir la chorégraphie sur laquelle j'ai passé des nuits, exécutée par un autre. C'est un véritable déchirement.

Les médias s'emparent de cet événement malheureux pour monter un *bad* buzz, certains faisant croire que ma blessure est fausse, que tout ceci est scénarisé par la production pour créer des rebondissements et gagner de l'audimat. Faire circuler ce type de rumeur est profondément injuste. C'est un supplice pour un danseur d'être blessé, et une déception pour lui de voir le participant de l'émission interpréter sa chorégraphie avec un autre.

La semaine suivante, je ne suis toujours pas en état de reprendre la danse. Maxime met des conditions pour continuer à être mon remplaçant : je ne dois plus être présent dans la salle et il veut créer sa propre chorégraphie. J'ai l'impression d'être totalement écarté de l'aventure. Si sa réaction me surprend, au fond je comprends à quel point il est difficile pour lui d'interpréter comme il se doit une danse concoctée par un autre, avec une intention qui n'est pas la sienne. Il ne ressent pas les mouvements de la même façon que moi.

Finalement, nous trouvons une autre solution. Pour la production, il est impensable que je ne sois pas à l'écran. C'est donc avec une grande fierté que je vois le canadien Christian Millette, qui a rejoint l'équipe de danseurs lors de la troisième saison, être proposé comme ma doublure. Au départ, je le connaissais mal, mais je l'avais toujours trouvé chaleureux et bienveillant, un bon camarade. Christian a ce talent rare d'instaurer une ambiance positive autour de lui, et je suis convaincu qu'il va se dévouer corps et âme pour soutenir Laëtitia.

Laëtitia et Christian réussissent à se qualifier pour la finale avec une valse sur un morceau de Coldplay. En dépit de la situation, je suis heureux de voir ma partenaire briller, même si une part de moi reste là, sur le plateau, frustrée de ne pas pouvoir danser à ses côtés. Mon cou va mieux, et je suis déterminé à honorer la semaine suivante ma deuxième finale de *Danse avec les stars*, cette fois-ci, aux bras d'une danseuse courageuse qui a su s'adapter à toutes les situations durant cette saison, des blessures aux changements de programme de dernière minute.

En effet, la veille du troisième prime, un nouvel obstacle s'était dressé devant nous. On nous avait retiré un élément essentiel du décor sur lequel j'avais basé pas moins de 45 secondes de ma chorégraphie disco. J'avais imaginé un enchaînement, qui commençait par vingt secondes de danse sur une plateforme spécialement disposée, suivie par l'exécution de quelques pas chorégraphiés sur un deuxième niveau inférieur, avant de remonter sur une deuxième petite scène. Tout était soigneusement orchestré, et j'avais préparé nos enchaînements en fonction de cette configuration précise.

Le jour de la dernière répétition arrive, et c'est la panique : on nous annonce qu'il va falloir se passer de ces plateformes. Comment faire ? Ce n'est pas anodin de devoir revoir 45 secondes d'une chorégraphie au pied levé ! J'hésite à refuser ces changements auprès de la production, craignant qu'ils me considèrent comme une diva ou qu'ils ne me rappellent pas pour la prochaine saison. Je lis de l'angoisse sur le visage de Laëtitia, et je fais bonne figure pour la rassurer, même si, à l'intérieur, je ne suis pas moins inquiet qu'elle. À ce stade de l'émission, elle n'est pas encore très à l'aise en danse, et il lui faut du temps pour assimiler les pas.

Un changement de dernière minute peut sérieusement perturber sa mémorisation.

Contre toute attente, Laëtitia fait preuve d'une adaptabilité impressionnante. Elle parvient à intégrer tout ce que je modifie dans notre performance. Chacun de ses gestes est le reflet de sa détermination, et elle me surprend et m'épate à chaque répétition. Malgré le stress ambiant, notre duo montre une capacité incroyable à rebondir, prouvant que nous sommes plus forts ensemble, même dans l'adversité. Et lorsque le jury, avec Chris Marques en tête, couvre ma partenaire d'éloges, je ne peux que ressentir une immense fierté.

Mais ce que la France entière retiendra de la saison incroyable de Laëtitia, et ce qui m'a le plus touché, c'est l'hommage poignant qu'elle a rendu à Yannis, son amoureux décédé des suites d'un cancer à seulement 22 ans. Lors de la *personal story* du deuxième prime, elle a choisi de raconter cette douloureuse histoire. Je me souviens encore de ce moment où, assise sur un canapé, elle se confiait devant la caméra, évoquant ses souvenirs avec Yannis et les derniers instants du jeune homme. Avec le cadreur à mes côtés, nous étions profondément bouleversés. Pendant qu'elle déroulait son récit, il n'y avait pas un bruit, comme si le monde entier s'était arrêté, suspendu à ses mots.

Il faut un courage immense pour partager une telle épreuve face à la caméra. Je me souviendrai toujours des larmes qu'elle a versées, et du moment où j'ai réalisé que je devais transformer cette douleur en une chorégraphie forte, capable de lui apporter un peu de réconfort. Le défi était de taille : Laëtitia devait interpréter une rumba sur *Les Moulins de mon cœur* de Michel Legrand. C'était un processus psychologique complexe pour moi, car je suis une véritable « éponge », j'absorbe facilement les émotions des autres. J'ai dû me blinder, renforcer ma carapace pour pouvoir rester solide et offrir tout le soutien nécessaire à Laëtitia dans ce moment de vulnérabilité. Il fallait sublimer ses émotions à travers la danse pour qu'elle puisse exprimer son histoire tout en se libérant d'une partie de cette douleur. Pour l'accompagner au mieux dans cet hommage, j'ai sollicité les conseils de Fauve, qui avait traversé une expérience similaire avec Emmanuel Moire l'année précédente. Elle m'a aidé à rester concentré, à trouver le bon équilibre entre émotion et professionnalisme pour que ma danseuse puisse se révéler pleinement.

Ce fut une véritable réussite. Le soir du prime, Laëtitia Milot a interprété sa chorégraphie avec une justesse et une sensibilité poignantes. Chaque mouvement était chargé d'émotion, elle parvenait à glisser des moments de sourire et de douceur avant un final dansé, les yeux pleins de larmes, qui a conquis le cœur du public, des téléspectateurs et des membres du jury. Cette quatrième saison, riche en rebondissements et en émotions, tant pour moi que pour ma partenaire, m'a fait l'effet de véritables montagnes russes. La persévérance et la complicité ont été les maîtres mots de notre aventure. Laëtitia Milot, malgré les blessures et les imprévus, a su se révéler une incroyable danseuse et une personne d'une humanité rare. Avec elle, nous avons prouvé que la danse a une puissance thérapeutique, où l'art devient un moyen de guérison et d'expression des histoires intimes.

*

Cette année, la séparation d'avec ma star ne sera pas douloureuse puisque je retrouve Laëtitia Milot très vite pour la première tournée de *Danse avec les stars*. Ainsi, dès le mois de décembre 2013, Chris Marques nous embarque dans une série de spectacles que je vis comme un prolongement de cette saison fantastique avec Laëtitia. C'est à ce moment que je prends pleinement conscience de la popularité de l'émission. Lors d'un spectacle à Bercy, l'ambiance est électrisante. La foule est en folie, les spectateurs hurlent comme s'ils assistaient à un concert des Rolling Stones. Les cris et les applaudissements résonnent dans la salle, créant une atmosphère enivrante. Le spectacle commence par un retard de trente minutes, car le public nous bloque, cherchant à nous toucher, à nous voir de près.

C'est incroyable, presque irréel. L'excitation se mêle à l'anxiété. Je n'étais pas préparé à cela. Une autre fois, alors que nous sommes dans un van, les gens prennent le véhicule d'assaut. Des fans montent sur le toit, d'autres frappent sur les vitres. Fauve, effrayée, remonte rapidement sa fenêtre.

Une femme crie, visiblement en colère :

— Vous nous devez tout ! C'est grâce à nous, tout ça !

La scène est effrayante. J'avais souhaité un peu de notoriété, mais là, je trouve cela démesuré. Je fais de mon mieux pour rester ancré dans la « vraie vie », en me rappelant pourquoi je fais ce métier. Danser, donner du plaisir au public, transmettre ma passion, oui, mais devenir prisonnier de cette forme de célébrité, certainement pas ! L'idée de créer mon école de danse, qui me trotte dans la tête depuis des années, me séduit de plus en plus. C'est un projet que je mûris depuis longtemps. Avoir mon nom sur la porte d'une salle de danse est devenu mon rêve. Je me donne encore un peu de temps pour concrétiser ce projet avec Coralie.

OPHÉLIE PERD LA FOI, NATHALIE TROUVE LA GRÂCE

Lorsque j'apprends que ma partenaire pour la saison 5 de *Danse avec les stars* sera Ophélie Winter, je ne peux contenir mon excitation. Ophélie Winter ! Cette icône des années 1990, connue pour son tube *Dieu m'a donné la foi*. Je me dis alors : « Qu'est-ce que je vais faire pour que ça fonctionne ? » En attendant, je me lance dans une frénésie de recherches. Je visionne ses clips, ses interviews, je scrute chaque détail, comme un détective sur une affaire importante. Même ma mère se sent investie d'une mission : elle décortique les articles à son sujet, en quête d'informations.

Le jour de la grande rencontre, l'adrénaline est à son comble ; j'imagine déjà nos premières répétitions. Mais soudain, tout s'effondre : rendez-vous annulé. Je reste là, abasourdi, à relire ce message de la production. J'ai l'impression d'être le premier de la classe sur le chemin de l'école avec son cartable, à qui l'on dit de faire demi-tour car les cours sont supprimés. Je suis frustré. Je sais que mes collègues commencent déjà à travailler sur leurs chorégraphies, tandis que moi, je reste coincé dans mon petit appartement à attendre qu'on me rappelle. Le soir même, je reçois un coup de fil d'Ophélie :

— Demain, je ne viens pas. Je ne crois pas être capable de faire cette émission… Je ne suis pas obligée de le faire, non ?

— Évidemment que tu vas y arriver ! C'est normal que tu stresses, mais tu as toutes les capacités pour cartonner !

Finalement, le lendemain, la rencontre a lieu. Ophélie arrive et, tout de suite, je suis frappé par sa prestance. Elle est éblouissante – et encore fébrile.

— Bonjour, Ophélie, dis-je en souriant.

Elle me rend mon sourire, mais je peux voir qu'elle n'a rien perdu de sa nervosité.

— Salut, Christophe. Je suis toujours stressée, pour être honnête.

— Ne t'inquiète pas, ça va bien se passer. Nous allons nous amuser !

Je veux la rassurer, mais je sens que cela ne suffit pas. Je comprends rapidement que sa peur est profonde. Elle revient sous le feu des projecteurs après une longue absence, et le regard du public la terrifie. Malgré ses doutes, lors des premières répétitions, elle m'impressionne. Elle enchaîne les prouesses et arrive même à réaliser un grand écart. Je la motive en lui assurant qu'elle est « épatante ». Cependant, à l'approche du premier prime, l'angoisse monte. Les jours qui précèdent, Ophélie commence à ressentir des douleurs aux chevilles. Un soir, elle m'appelle en larmes.

— Christophe, j'ai vraiment mal. Je ne sais pas si je peux continuer.

Je me sens impuissant face à son désarroi, mais je dois persévérer et toujours veiller à la motiver.

— On va gérer, Ophélie. Il faut que tu te reposes. Ne te mets pas trop de pression.

Lors du deuxième prime, elle doit porter un pantalon pour cacher ses bandages aux chevilles. Pas question pour elle d'arborer les robes sexy auxquelles elle nous avait habitués. Pendant les répétitions, je l'encourage.

— Tu es forte, n'oublie pas ça. Laisse-toi porter par la danse.

Le jour J, je la vois se préparer, le visage blême. Je suis un peu inquiet.

— Ça va aller, Ophélie ?

Elle regarde autour d'elle, observant les autres couples.

— Je ne sais pas, Christophe. Je regarde Nathalie Péchalat et Brian Joubert et je me dis que je ne suis pas à la hauteur.

— Ophélie, chacun a son propre parcours. Ce n'est pas une compétition entre nous et eux. Concentrons-nous sur notre danse.

Je sens qu'elle n'est pas convaincue. Le public et les juges, cela la stresse. Le regard des autres l'obsède. Elle me prend à part, paniquée.

— Écoute, si ça ne va pas, je préfère tout annuler. Je n'ai pas besoin de ce stress. Viens, on prend un avion et on se barre en Corse !

— On n'abandonne pas, essaie au moins, et si ça ne fonctionne pas, on prendra un avion et on partira ensemble. Mais faisons-le d'abord !

Un léger sourire apparaît sur son visage. C'est ce dont j'avais besoin : une petite lueur d'espoir. Sur le plateau, les lumières jaillissent et la musique commence. La voix de Michael Jackson nous enrobe sur *Love Never Felt so Good*. Ophélie et moi dansons, mais je sens qu'elle n'a pas totalement lâché prise. À la fin, le public applaudit, sans pour autant qu'elle cesse d'être en proie au doute.

— Ce n'était pas si mal, non ?

Elle soupire, les yeux perdus dans le vide.

— Ça aurait pu être mieux. Je n'ai pas réussi à me libérer.

Son corps la lâche. La pauvre a tellement mal aux chevilles qu'on doit faire venir un médecin pour lui administrer des piqûres pour la soulager. Quelle souffrance ! À chaque prime, elle semble de plus en plus angoissée. La douleur l'empêche de se donner à fond. Le stress atteint son paroxysme.

La veille du troisième prime, alors que nous répétons une danse sur *La Isla Bonita* de Madonna, elle me confie :

— J'ai vraiment peur, Christophe. Et maintenant, j'ai mal aux côtes.

Je la regarde, inquiet.

— Quoi ? Comment ça ?

Elle soupire, désespérée.

— Ça fait trop de douleurs pour moi. Je ne sais pas si je vais réussir à danser une fois de plus.

Je fais de mon mieux pour lui remonter le moral. Elle est à bout. Le jour du prime, elle a du mal à enchaîner des mouvements fluides durant notre tango. La performance est correcte, mais nous savons tous les deux qu'elle n'a pas eu les moyens de donner le meilleur d'elle-même. Cette aventure est un calvaire pour elle depuis le début et je suis démuni. Cette émission doit avant tout donner du plaisir aux célébrités, certes au prix de travail et de sacrifices, mais l'idée reste d'offrir un beau spectacle.

Ce n'est pas normal que cela procure autant de souffrance à Ophélie. J'ai mal au cœur pour elle.

Sans surprise, Ophélie est éliminée après le troisième prime. Elle est déçue, mais au fond, je pense que c'est un grand soulagement pour elle. Sur les réseaux sociaux, elle commente sa défaite et m'adresse un joli message qui me touche en plein cœur : « J'ai beaucoup de peine pour mon danseur Christophe Licata qui s'est donné tant de mal... Et qui est un amour... »

Une fois de plus, cette expérience m'a énormément appris. Ophélie est une femme à la fois pleine de force et de fragilité. Dans les moments de doute, j'ai dû être le roc dont elle avait besoin. Et même si notre parcours s'est terminé de manière prématurée, je suis heureux de l'avoir accompagnée. Elle a trouvé le courage d'affronter ses peurs, et j'ai appris avec elle à être un partenaire solide.

En repensant à notre aventure, je réalise que, même si nous n'avons pas été loin dans l'émission, nous avons gagné quelque chose de bien plus précieux : un respect mutuel et la compréhension que parfois, la danse est bien plus qu'un simple spectacle. C'est un voyage, et je suis fier d'y avoir pris part avec elle.

Deux jours après l'élimination, je décide de rentrer quelque temps dans le Sud avant de reprendre les danses de groupe. Je suis à la gare de Lyon, ce lundi matin d'octobre. Je m'installe à la terrasse d'un café, mon espresso à la main, tandis qu'un petit oiseau sautille à mes pieds. Tout est calme ; je suis dans ma bulle. Mon téléphone sonne. Je décroche sans me douter de ce qui m'attend :

— Christophe, t'es où ?

C'est Déborah Nahon, de la production, au bout du fil.

— Je suis à la gare de Lyon, je prends mon train dans une demi-heure.

— Non, laisse tomber ton train. Tu reviens tout de suite. Tu vas danser avec Nathalie Péchalat sur *La Ceinture* d'Élodie Frégé au prochain prime. Répétition demain matin.

Je reste figé. Nathalie Péchalat ? Mais c'est Grégoire Lyonnet qui danse avec elle. Qu'est-ce qui se passe ? Je suis perdu. Durant ces semaines passées à remotiver Ophélie, je ne me suis pas préoccupé de ce qui se tramait avec les autres danseurs. Une grosse polémique fait rage, à côté de laquelle je suis complètement passé. Mon ami Grégoire est en pleine tempête médiatique, mais pas à cause de ses performances de danse. C'est sa relation avec Alizée, rencontrée la saison précédente, qui attire l'attention des médias. Depuis qu'ils sont ensemble, ils ne le lâchent plus. Et cette saison, son duo avec la patineuse et épouse de Jean Dujardin, Nathalie Péchalat, fait également couler beaucoup d'encre. Les rumeurs fusent : certains disent qu'Alizée est jalouse, d'autres affirment que Grégoire ne peut plus vraiment être dans la compétition à fond. Tout le monde scrute ses gestes, ses réactions. Je tente d'appeler Grégoire. Il me répond brièvement, presque en panique : « Je t'expliquerai, je t'expliquerai. » J'entends une vraie urgence dans sa voix. Je comprends que je suis embarqué dans quelque chose qui me dépasse complètement. Le lendemain matin, j'arrive à l'Olivier. Grégoire m'attend, tendu. Lorsque nous sommes seuls, il me dit d'une voix grave :

— Je ne peux plus continuer, c'est toi qui prends le relais. J'arrête.

Ses mots sont un vrai choc pour moi.

— Ne t'inquiète pas, tu vas déchirer, tu vas aller au bout. J'ai confiance en toi.

Je sens que c'est dur pour lui. Il serre la mâchoire, ses yeux disent tout. Je réalise à quel point cette décision lui coûte. Je ne sais plus quoi penser. Comment prendre sa place ? C'est une responsabilité énorme, mais je n'ai pas le choix. Tout va très vite. Nathalie arrive, souriante et rassurante.

— Viens, on va boire un café, me dit-elle, comme si de rien n'était. Son calme me détend un peu.

Nathalie affirme qu'elle est contente de danser avec moi.

Quant à la polémique, je n'y prête pas trop attention. Pourtant, les rumeurs continuent d'alimenter les médias : Alizée est jalouse, Grégoire a du mal à danser avec quelqu'un d'autre après être tombé amoureux d'elle... Je comprends que pour mon ami, la pression a été énorme. Il a choisi son couple et je le comprends. Il n'arrivait plus à jouer le rôle qu'on attendait de lui sur le plateau, trop distant, pas assez tactile. Alors voilà, il a arrêté, et moi, je prends le relais.

J'ai donc une semaine pour créer une chorégraphie de rumba sur *La Ceinture*. Une première danse avec Nathalie, que je ne connais pas vraiment. Mais je sens que j'ai une opportunité incroyable. Très vite, je me rends compte de la force de son mental. Ayant participé très jeune aux Jeux olympiques et à de nombreux championnats du monde, elle a acquis une discipline et une rigueur incroyables. Son énergie et sa volonté d'aller au bout me boostent immédiatement. La pression est là, tout le monde nous attend au tournant : les médias, la production, les danseurs, le jury. Mais je réalise rapidement que je peux faire des choses extraordinaires avec elle. C'est une patineuse et je suis un grand fan de danse sur glace ; donc les portés deviennent une évidence. Je passe des nuits blanches à imaginer la chorégraphie. Je repense à ce que j'avais fait avec Amel Bent, le porté inversé, et je trouve une figure clé pour Nathalie : un porté que j'ai totalement inventé, où je suspends le corps de ma partenaire en planche devant moi, parfaitement perpendiculaire au mien.

Lors de la répétition sur le plateau, c'est le silence total. Tous les regards sont sur nous. La production exige plus de sensualité pour que notre interprétation soit en accord avec les paroles et l'intention de la chanson écrite par Benjamin Biolay pour Élodie Frégé. J'entends : « Allez, plus de chaleur, il faut de l'intensité ! » Nathalie exécute les mouvements avec fluidité, comprenant qu'il faut faire preuve de douceur et de délicatesse avec ses mains. Je me lâche, elle aussi ; les portés sont sublimes, nos corps s'accordent. À la fin, un producteur dit : « Christophe, ta chorégraphie est parfaite. » Quel confort d'avoir une danseuse du niveau de Nathalie ; ma créativité se libère de semaine en semaine. À chaque prime, je vis des moments de grâce avec elle. D'ailleurs, le soir de la finale, où je termine une fois de plus à la deuxième place, c'est l'élégance de nos prestations, l'alchimie de nos corps et la finesse de la gestuelle de Nathalie qui sont plébiscitées.

Encore une fois, j'étais à deux doigts de remporter le trophée. Mais je revenais de très loin après les déboires d'Ophélie. En réalité, l'explosion artistique que j'espérais avec Ophélie Winter, c'est avec Nathalie Péchalat que j'ai eu la chance de la vivre. La danse réserve décidément bien des surprises.

*

Un matin, je reçois un coup de téléphone de Chris Marques.

— Salut Christophe, c'est Chris… J'ai une idée pour le spectacle *Stars 80*, je voudrais que tu fasses un duo avec Coralie sur *Avoir un seul enfant de toi.*

— Écoute Chris, je ne le sens pas…

Les paroles de cette chanson de Phil Barney résonnent avec ce que je vis dans ma vie personnelle. Je désire vraiment un bébé, mais Coralie a encore envie de se consacrer à la danse. Avoir un enfant, c'est encore trop tôt pour elle, je le comprends et je le respecte. Danser avec elle sur cette chanson, ce serait donc un crève-cœur. Face à mon refus, Chris insiste, ne sachant rien de ce que déclenchent en moi les paroles de cette chanson. Et je suis trop pudique pour m'épancher sur le sujet.

— C'est compliqué, Chris, vraiment…

— Mais Christophe, il n'y a que toi et Coralie pour pouvoir interpréter cette danse, je suis certain que ça va être magnifique et émouvant !

Je finis par accepter. Chris doit avoir raison, comme dans l'émission, lors de l'épreuve de la *personal story*, je vais devoir me nourrir de mon histoire et de mes émotions. Coralie est ravie de travailler cette chorégraphie. Nous arrivons au Stade de France pour les répétitions, l'endroit est immense et vide. Je suis très impressionné. Les répétitions s'enchaînent dans cette arène ultra intimidante. Je pense à tous les grands qui se sont produits ici, c'est un peu fou. Le soir arrive enfin. On nous fait passer par un couloir étroit derrière la scène, et là nous découvrons la foule qui agite des tubes phosphorescents dans la nuit noire de Saint-Denis. Je me sens minuscule face à cette marée humaine. Je tiens la main de Coralie, sa présence auprès de moi m'apaise et m'émeut à la fois ; je vais danser au Stade de France avec ma femme, jamais je n'aurais imaginé vivre un jour quelque chose de si beau. Nous montons sur scène, juste tous les deux, la musique démarre, et le temps s'arrête. L'alchimie avec Coralie est toujours aussi parfaite. Malgré le trac, malgré les paroles de la chanson qui nous renvoient à la petite crise de couple que nous traversons. Sur scène, nous sommes toujours main dans la main, connectés comme jamais. À cet instant, nous sommes dans notre bulle, la danse nous unit et nous emporte. Chris Marques a bien fait d'insister, il n'y avait que Coralie et moi pour pouvoir interpréter avec tant d'intensité cette chorégraphie. Ma femme est et restera la partenaire avec laquelle je suis le plus en osmose.

PRISCILLA SUPERSTAR

Été 2015. La tournée *Star 80* continue et déjà, des rumeurs circulent sur les célébrités de la prochaine saison de *Danse avec les stars*. Un nom revient sans cesse : celui de la chanteuse Priscilla Betti. Pour moi, elle serait la partenaire idéale. Elle est jeune, dynamique, et je l'ai observée de près lors des spectacles. Je suis impressionné par la façon dont elle bouge, qui ressemble beaucoup à la mienne. Lors du spectacle à Nice, Grégoire et moi dansons derrière elle, et plus je la regarde, plus je m'imagine partager cette aventure avec elle sur le plateau de *Danse avec les stars*. En coulisses, alors que l'on discute avec elle de la saison à venir, le sujet s'invite tout naturellement.

— Vous savez les gars, j'ai passé le casting, et je pense que ça s'est bien passé. Depuis longtemps, je rêve de participer à cette émission !

L'occasion est trop belle pour ne pas saisir ma chance. Je lui lance, avec un sourire complice :

— Priscilla, j'adorerais danser avec toi.

Elle me renvoie un sourire radieux, et intérieurement, j'essaie d'interpréter ce geste comme une approbation. Pourtant, je sais déjà qu'on parle de Maxime comme de son futur partenaire… Et je finis par me convaincre que tous deux formeront un duo parfait.

Quelques semaines plus tard, je suis dans le taxi qui me conduit vers ma nouvelle star, et comme l'a prévu la production, j'ai les yeux bandés. Cette année, l'équipe m'a réservé une surprise. Je réalise à ce moment-là que je suis devenu un des danseurs phares de l'émission, un de ceux que le public suit et soutient avec ferveur.

Le bandeau sur les yeux, je ne peux m'empêcher de ressentir une certaine nervosité. Mes mains sont moites, mon cœur bat de plus en plus vite. Soudain, je sens qu'on me prend la main. Il s'opère une connexion instantanée, comme si une énergie familière émanait de cette personne que je ne peux encore voir. Quand on me retire le bandeau, la joie m'envahit en découvrant le visage de Priscilla Betti. Je suis tellement ému que je tremble littéralement de bonheur. Le tournage de notre rencontre se termine rapidement, mais je ne me suis pas encore remis de mes émotions. Tout ce que je veux, c'est la revoir, échanger davantage avec elle, mieux la connaître, et surtout, que l'on commence à travailler ensemble.

Nous enchaînons rapidement sur le tournage de la bande-annonce, puis la conférence de presse officielle. Tout se déroule à merveille. Notre duo s'annonce prometteur. Les entraînements sont intenses et je ressens une grande envie de passer tout mon temps avec elle. Tandis que certains danseurs rentrent chez eux après les séances, moi, je reste. Je la conseille sur ses tenues, j'essaie de calmer ses doutes, de répondre à toutes ses questions. Priscilla est incroyablement douée. Jamais je n'ai vu une célébrité assimiler les chorégraphies aussi rapidement. Elle est avide de nouvelles sensations, toujours désireuse d'apprendre plus de pas, plus de mouvements, de perfectionner son style. Le soir, quand je rentre enfin chez moi, je me retrouve à chercher des idées toujours plus originales pour nos prochaines répétitions. Elle me pousse à me renouveler sans cesse, et j'adore cette émulation. Dès qu'elle commence à bouger, c'est tout simplement magique. Même si elle n'a jamais dansé le cha-cha auparavant, elle adopte immédiatement la posture parfaite pour interpréter cette danse latine si particulière. Et puis, elle sourit constamment, un sourire si communicatif que c'est un vrai plaisir de travailler avec elle.

Lors de la répétition du premier prime, un petit désagrément survient cependant, dont Priscilla n'est absolument pas responsable. Nous avons prévu une mise en scène impliquant des Polaroïds. Avant notre danse, des photos de nous doivent être diffusées à l'antenne. La production souhaite ainsi mettre en avant une proximité avec laquelle je ne suis pas à l'aise. Cette consigne me gêne, je pense à Coralie. Que va-t-elle en penser ? Je ne comprends pas ce que cela apporte sur le plan artistique. Je crains qu'utiliser ainsi l'alchimie qui existe entre Priscilla et moi ne crée dans les médias un buzz qui n'a pas lieu d'être. Face à l'insistance, je ne peux en fait qu'accepter. Le soir, en rentrant à l'hôtel, je confie mon désarroi à ma femme.

— Mais pourquoi tu l'as fait si ça te met dans cet état ?

— Coralie, tu sais, je n'arrive pas à leur dire non…

Cette angoisse de ne pas être reconduit pour la saison suivante me hante. À la télévision, nous sommes tous des marionnettes, pas seulement les danseurs, mais aussi les présentateurs, les chroniqueurs, les personnalités ; des marionnettes consentantes, mais des marionnettes tout de même. C'est en tout cas mon point de vue.

Heureusement, ce premier prime couronne Priscilla. Tout le monde est impressionné par ses prestations. Même Marie-Claude Pietragalla s'étonne :

— Mais c'est une professionnelle !

Elle fait montre d'un niveau de danse exceptionnel. Je n'ai jamais vu ça dans l'émission. Puis, c'est la douche froide : sur les réseaux sociaux, les messages commencent à pleuvoir, et certains sont horribles, avec des termes si vulgaires que je ne peux même pas les répéter, tant ils sont choquants. Les spectateurs s'acharnent, la taxant d'être trop froide, trop parfaite, de danser de manière robotique.

Lors de l'entraînement suivant, je la sens mal à l'aise. Je lui demande ce qui ne va pas, et là, elle s'effondre. Je réalise alors que la boule d'énergie que je côtoie depuis quelques semaines est en crise. Les critiques l'accablent. Elle s'écroule dans mes bras.

— Mais c'est atroce, Christophe ! Tu te rends compte ? Tu te réveilles un matin, et tout le monde te vomit dessus alors que tu viens de réaliser quelque chose de bien ! C'est tellement injuste.

J'essaie de la rassurer, prenant le rôle de coach psychologique. Mon but est de lui permettre de se reposer sur moi, de ne plus prêter attention à ce qui se passe autour, de fermer les yeux et de se laisser guider. Je suis persuadé que les gens finiront par s'attacher à cette jeune femme qui a certes une carapace, mais qui fait preuve d'une force incroyable. Lors des deux primes suivants, nous faisons fi des critiques, gardons le moral et restons positifs. Nous avons le jury avec nous, c'est ce qui compte. Dès le troisième prime, les commentaires s'adoucissent, et Priscilla parvient peu à peu à gagner le cœur des téléspectateurs.

Le quatrième prime, prévu pour le 14 novembre 2015, est annulé à la suite des attentats survenus la veille à Paris et au Stade de France. Je ressens la terreur qui s'abat sur la ville et le pays. Ma mère me conseille de ne pas sortir de chez moi ; la France entière craint de nouveaux attentats. Nous sommes tous suspendus à ce drame. Un voile noir est jeté sur l'émission. Depuis des semaines, nous vivons dans une bulle de paillettes, coupés de la réalité. Cette fois-ci, la réalité implacable et synonyme de temps incertains s'impose à nous.

Peu à peu, nous sortons de notre sidération, et malgré l'horreur de ces derniers jours, et ce deuil qui n'épargne personne, il nous faut avancer, *the show must go on*… Nous sommes là pour faire rêver les Français, dans toutes les circonstances. La semaine suivante, nous recevons la musique pour notre prochaine danse : une samba dans le cadre de la spéciale « films ». Je dois danser avec Priscilla sur le thème de *The Mask*, et en seulement deux jours, ma chorégraphie est prête. Mais la production décide de tout changer. Au lieu de rendre hommage au film de Jim Carrey, nous devons préparer un numéro sur *Dirty Dancing*, avec seulement trois jours devant nous. Nous étions contents de notre samba, et voilà que maintenant il faut tout changer, et – cerise sur le gâteau – interpréter le fameux porté de *Dirty Dancing*. Ce qui ne s'improvise pas ! Il n'y a pas moyen de discuter avec la production. Il faut donc mettre toute notre énergie dans ce défi. La moindre erreur de placement des mains peut faire s'effondrer la figure. Nous passons des nuits entières à nous entraîner, commençant par l'essayer au sol avant de le perfectionner.

Finalement, à force d'entraînement, nous parvenons à le maîtriser. À chaque essai, il passe, ce qui nous rassure. La chorégraphie est magnifique, et nous revivons les grands moments du film. Lors du prime, lorsque vient le moment du porté mythique, un léger déséquilibre se produit, mais Priscilla reste dans les airs. Nous sommes contents, même si nous ressentons un fond de frustration, sachant que nous aurions pu le réaliser à la perfection. Malgré ce détail, nous avons réussi à préparer un numéro de *Dirty Dancing* en trois jours. Nous sommes fiers du travail accompli. Avec le recul, je me rends compte que c'est finalement dans ces moments de rush que j'ai le plus appris.

Nous poursuivons notre chemin et atteignons le sixième prime. Nous nous lançons dans un numéro contemporain, mais je ressens la pression de la musique de *La Reine des Neiges*. Le premier jour, il me manque des éléments pour chorégraphier. Je tourne en rond, manquant d'idées, malgré mes nuits blanches à écouter en boucle *Libérée, délivrée*. Chorégraphier ce numéro est un véritable défi, et je me sens bloqué.

Le lundi arrive et nous commençons les répétitions sans chorégraphie. Je suis à la fois fatigué et frustré ; l'ambiance est tendue, et je sens que je ne suis pas à la hauteur. Les répétitions sont éprouvantes, et je rentre chez moi, déprimé. Je broie du noir dans mon appartement. Puis vient le déclic : lorsque je ferme les yeux, la chorégraphie commence à se dessiner dans ma tête, et des frissons m'envahissent. C'est incroyable. Tout seul dans ma chambre, avec mes écouteurs, la magie opère. Je me sens délivré – c'est le cas de le dire – de toute pression, et les pas s'enchaînent naturellement. Le lendemain, nous reprenons le travail, et tout redevient parfait.

Ensuite, nous faisons face à l'épreuve du *switch* de partenaires, une première dans *Danse avec les stars*.

Pendant une semaine, chaque danseur échange sa ou son partenaire avec un autre. C'est difficile à vivre pour Priscilla et moi. Nous nous amusons tellement ensemble que nous n'avons pas envie de danser avec quelqu'un d'autre. Pour ma part, je me retrouve avec l'entrepreneuse et vidéaste EnjoyPhoenix, qui n'a pas un rapport aussi naturel à la danse que Priscilla. Le décalage est complexe à gérer, car je dois m'adapter à cette nouvelle distance de techniques. Pourtant, lors du prime, je danse un paso-doble avec elle, et contre toute attente, elle récolte de bonnes notes, des 8 et des 9, alors qu'elle était habituée aux 5 et aux 6 depuis le début de la saison. Je réalise que je suis pour beaucoup dans cette progression, ce qui représente une petite victoire intérieure pour le professeur et le chorégraphe que je suis en train de devenir. Mais j'ai hâte de retrouver Priscilla pour les répétitions.

La semaine suivante, Priscilla doit danser pour sa mère sur *Si maman si* de France Gall. Elle porte une robe blanche très épurée, une coiffure simple et très peu de maquillage. En dansant, elle parvient vraiment à se dévoiler à l'écran. Le public assiste alors à un véritable moment de révélation. Ce jour-là, Priscilla montre pleinement qui elle est. À partir de ce moment-là, les téléspectateurs changent complètement d'avis. Il y avait encore des résistances, des critiques sur les réseaux, et même des insultes. Toutes les méchancetés dont elle a pu faire l'objet jusque-là s'effacent. À la fin de sa danse, elle finit en larmes devant la caméra.

Durant la même soirée, nous avons au programme un trio avec une autre coach, Emmanuelle Berne, sur *Glory Box* de Portishead. Les caméras sont braquées sur nous, mais nous avons l'impression que nous sommes seuls au monde. Nous exécutons une figure acrobatique : un porté à trois qui n'a jamais été réalisé dans l'émission, ni même refait depuis. Je porte les deux filles comme dans un manège, et nous présentons une chorégraphie ultra sexy. Priscilla réussit encore une fois à montrer une autre facette d'elle-même. Ce samedi de décembre, elle est époustouflante.

La semaine d'après, on nous demande une valse sur la reprise du classique *Amazing Grace* de John Newton. Il faut pour cela intégrer une figure dans les airs, comme dans un numéro de cirque, où nous devons nous suspendre à des sangles. Ce sont des choses que nous ne maîtrisons pas. Chaque matin, en plus de nos entraînements, nous nous rendons au cirque Gruss pour apprendre à réaliser cette figure qui exige force et souplesse. La sangle qui nous tire par les bras finit à force par nous faire mal. Très vite, le poignet de Priscilla la fait trop souffrir et nous devons remettre à plus tard les répétitions. Elle essaie à nouveau, mais elle a trop mal.

Lorsque nous arrivons sur le prime, nous n'avons toujours pas réussi l'acrobatie. Au milieu de la valse, nous enfilons les sangles autour de nos mains et nous commençons à nous élever au-dessus du plateau. Priscilla semble ne plus souffrir, comme par magie. À cet instant, le temps est suspendu, comme à d'autres moments charnières de ma carrière de danseur. J'ai l'impression de voler. C'est dans la difficulté que je réalise à quel point les résultats sont à la hauteur des efforts fournis. C'est un moment de satisfaction intense, surtout lorsque l'on sait toutes les épreuves traversées pour y parvenir. Il faut dire que la semaine a été difficile pour ma danseuse, car en plus de ce numéro de cirque, nous avons dû répéter une salsa avec Chris Marques sur *Let's Get Loud* de Jennifer Lopez. Chris est adorable, mais lorsqu'on travaille avec lui, il fait montre de beaucoup d'exigence. Il attendait de nous que nous reproduisions une partie de sa chorégraphie de championnat du monde, avec des tours extrêmement rapides. Je me souviens d'une répétition avec lui, pleine d'énergie, au milieu de laquelle Priscilla se précipite soudain aux toilettes pour vomir. La journaliste veut que le cadreur la suive pour filmer ce moment ce que j'ai trouvé très choquant et déplacé. L'argument était de montrer à quel point elle était investie dans l'aventure. Moulay, notre cadreur, ne voyait pas non plus les choses de cet œil-là, et refuse de la filmer. La décence l'a emporté sur le sensationnalisme. C'est de toute façon une scène que la production n'aurait pas diffusée.

Malgré une saison impeccable, Priscilla termine à la deuxième place de la compétition, devancée par le chanteur belge Loïc Nottet, qui fait équipe avec Denitsa Ikonomova. Cette défaite est amère pour nous deux. J'ai l'impression d'être l'éternel deuxième. Sans remettre en cause le talent du gagnant, nous pensons qu'il a tout de même rencontré davantage de difficultés sur les standards et les danses latines que Priscilla. Indéniablement, elle a été la meilleure sur le plan technique, elle a même réussi des jives sur des talons hauts. Je suis convaincu qu'elle a été trop parfaite et que, quelque part, les personnes trop parfaites ne peuvent pas faire l'unanimité…

JE VAIS AVOIR UN ENFANT

En 2015, Coralie et moi ouvrons notre école de danse, un rêve devenu réalité. Elle se situe à Draguignan, là où nous sommes installés tous les deux en juillet. Chaque jour, je suis enthousiaste à l'idée de partager ma passion avec les élèves, de les voir progresser et s'épanouir à travers la danse. C'est incroyable d'avoir nos noms affichés sur la porte d'entrée de notre studio, symbole de notre travail acharné et de notre dévouement. Cependant, cette excitation s'accompagne d'une pression immense. En enchaînant les heures de cours, les répétitions et les spectacles, je commence à ressentir les effets de cette surcharge.

À la fin de l'année 2015, je me heurte aux dures réalités de la gestion d'une école. Le stress s'accumule, et je me retrouve confronté à des conflits avec certains professeurs qui ne partagent pas ma vision des choses. Les attentes démesurées des parents d'élèves me pèsent également. Chaque jour, je me lève épuisé. J'ai une vie à 3 000 à l'heure, et cela devient de plus en plus ingérable.

Un jour, alors que je suis chez ma mère pour résoudre un problème d'assurance, j'explose. Je m'énerve pour un détail insignifiant, et c'est en voyant ma mère en larmes que je suis frappé par une réalité terrible : je ne suis plus moi-même. Cette scène me fait réaliser à quel point je suis à bout de nerfs. C'est alors que je prends une décision cruciale pour pouvoir me retrouver.

Je choisis de partir quelques jours à Aix-en-Provence, seul dans un hôtel appelé Renaissance. En entrant dans ma chambre, je suis frappé par le calme ambiant qui y règne. La douce lumière du soleil traverse les voilages, créant une atmosphère apaisante. Je m'assois sur le lit, le cœur lourd mais l'esprit déterminé. En regardant par la fenêtre, j'observe le paysage, les collines ondulantes et les oliviers qui dansent au gré du vent. C'est exactement ce dont j'ai besoin.

Les jours qui suivent, je passe tout mon temps à réfléchir à ma vie et à mes priorités. Je m'isole, sans téléphone ni distractions, je me reconnecte à moi-même. Je lis, j'écris, je médite, et surtout, je prends le temps de respirer. Dans ce havre de paix, je réalise que j'ai perdu de vue ce qui compte vraiment : ma passion pour la danse, l'amour que j'ai pour Coralie et notre rêve de fonder une famille. Une fois de retour auprès d'elle, je lui confie mon envie de déménager à Aix, où je sens des ondes positives et où j'aurai l'avantage de vivre plus près de La Ciotat et de ma famille. Comme moi, Coralie n'a jamais vraiment aimé Draguignan. La décision est prise, même si nous devons faire de la route pour aller à l'école de danse, nous emménageons. Cette charmante ville représente un cadre plus épanouissant pour nous.

En 2016, je participe à *Fort Boyard*. C'est une expérience épuisante, mais revigorante, qui me permet de me concentrer sur un challenge stimulant. Je me retrouve de nouveau à dépasser mes limites, à me surpasser. Les épreuves sont intenses, mais l'adrénaline me pousse à avancer. Après le tournage, je rentre chez moi, fier d'avoir relevé ce nouveau défi.

De retour à la maison, j'ai la surprise de ma vie. Coralie m'attend avec un paquet-cadeau. Je défais avec soin le papier qui contient une trousse élégante. Une fois ouverte, elle révèle un test de grossesse. Ma gorge se serre un peu, je me sens déboussolé, je ne comprends rien et pourtant, mon cœur se met à battre à tout rompre. J'ai les yeux rivés sur les traits du test, sans avoir aucune idée de ce que je suis en train d'essayer de comprendre.

— Je suis enceinte, me dit-elle simplement, avec un grand sourire.

Je suis paralysé, saisi d'une sensation de vertige, et Coralie répète :

— Je suis enceinte, Christophe. J'ai aussi fait une prise de sang, il n'y a aucun doute !

À ce moment-là, une vague d'émotion me submerge. L'explosion de joie que je ressens est indescriptible. Je l'embrasse et je sens des larmes de bonheur monter.

Cette annonce marque le début d'une nouvelle aventure familiale. C'est un moment à la fois doux et intense. Je pense à tous les rêves que je nourris depuis des années : avoir un enfant, construire une famille et vivre des moments simples mais précieux. Je me revois, jeune homme aspirant exactement à cette vie-là.

Alors que nous célébrons cette nouvelle, nous prenons conscience des défis à venir. Je suis prêt à accueillir ce changement avec tout mon cœur. Même si les pensées tourbillonnent dans ma tête : comment allons-nous jongler entre nos carrières, notre école de danse et cette nouvelle vie à trois ?

JE DEVIENS PAPA

Comme chaque année depuis 2011, j'attends cet appel de la production avec impatience et appréhension, et la nouvelle de la grossesse de Coralie n'a en rien entamé mon enthousiasme. Malgré mon investissement dans le show, mon implication et mon travail acharné, je ne suis pas à l'abri d'être tout simplement mis à l'écart et remplacé par un autre danseur, plus jeune, plus dans l'air du temps. Quand le coup de fil arrive, comme tous les ans à la fin de l'été, je réalise que j'ai passé, comme toujours, des vacances « à moitié ». Je dois faire attention à tout : à ce que je mange, à ce que je bois, à avoir un entraînement physique régulier, et surtout une hygiène de vie parfaite. C'est une vraie discipline. Se préparer pour une émission comme *Danse avec les stars*, ce n'est pas une mince affaire, mais un engagement total. On ne débarque pas sur le plateau sans une préparation rigoureuse, et celle-ci commence bien avant le jour J. Chose que j'ai comprise dès la fin de la première saison.

Cette année est un peu particulière. Coralie est enceinte et à cette idée, préparer la nouvelle saison me rend nerveux. Quitter la maison devient de plus en plus difficile. Le fait de savoir que je vais partir, laisser ma femme enceinte seule à la maison, m'angoisse énormément. Je crains qu'il n'arrive quelque chose en mon absence. Les déplacements, les trajets à faire... tout ça m'inquiète vraiment. Pourtant, je me dois d'y aller, même si je pars avec une appréhension qui ne me lâche pas. Pour traverser cette aventure, cette année j'ai une alliée de taille, l'ancienne Miss France Sylvie Tellier. Quelle belle surprise ! Avant, je voyais la directrice du comité miss France comme une sorte de « dame de fer » : froide et distante. Mais en réalité, elle est tout l'inverse. Elle est rock'n'roll, sympa, et surtout, c'est une maman. Elle a beaucoup facilité ma gestion de la distance avec Coralie à cette période particulière de ma vie. Elle m'a fait comprendre que les débuts sont toujours difficiles, mais qu'après la première semaine, on s'habitue. Elle me prodigue de nombreux conseils, qui m'aident beaucoup à traverser cette période riche en émotions.

Coralie est alors enceinte de quatre mois, je suis loin, et je rate une échographie. À l'issue de cet examen, une anomalie est détectée, et les médecins préconisent de faire une amniocentèse. La panique m'envahit. L'image d'une aiguille traversant le ventre de Coralie me terrifie. J'appelle Nathalie Péchalat, avec qui je suis toujours en contact. Elle me recommande un spécialiste à l'Hôpital américain de Neuilly-sur-Seine. J'organise donc le déplacement de Coralie à Paris pour effectuer un test ADN fœtal, une procédure moins invasive qui nous permet d'éviter l'amniocentèse.

Les résultats de l'examen nous parviennent enfin, rien à signaler, le bébé va bien, c'est un soulagement immense pour Coralie et pour moi ! Ma femme doit désormais se reposer. Elle ne peut plus bouger comme avant. Elle vient s'installer avec moi à Paris, dans un appartement au quatrième étage, sans ascenseur. C'est une période éprouvante pour elle, à de nombreux points de vue. Malgré ces inquiétudes personnelles, je parviens à gérer au mieux le volet professionnel. Je veille à faire la part des choses et à me concentrer sur l'émission.

C'est au contact de Sylvie que je réalise quelque chose d'important : je suis maintenant capable de travailler avec des partenaires plus âgées, plus grandes que moi, plus mûres. Je sens que je ne cesse de gagner en maturité à chaque nouvelle saison. Cette saison-là, je vais devenir papa, mais pas seulement dans la vie. C'est un peu comme si je devenais aussi papa dans la danse, dans ma manière de l'aborder, fort d'une sagesse nouvelle, jusque dans mes chorégraphies. Ma manière de créer a évolué. Je deviens plus complet, j'ai gagné de l'expérience. Quand on est plus jeune, on se concentre souvent sur un certain style, un peu sexy, fougueux. Désormais, je suis capable d'exprimer des nuances plus profondes, plus complexes. Je peux être romantique, grave, dramatique. Je vais plus loin dans mes créations, j'explore des couleurs que je n'avais jamais osé aborder auparavant. Par ailleurs, je me renouvelle sans cesse. J'éprouve un réel besoin de me perfectionner, de continuer à prendre des cours et à me développer – ce qui n'est pas le cas de tous mes collègues. Certains d'entre eux ont arrêté cette quête de progression et cela a créé une petite division entre nous. Je fais partie des plus anciens et nous n'avons pas les mêmes aspirations que les plus jeunes. J'ai laissé derrière moi les soirées jusqu'à 4 heures du matin, ça ne m'intéresse plus.

Dès le premier prime, Sylvie Tellier étonne, elle se transforme en une véritable « *bomba latina* » elle réussit à bluffer les juges avec un cha-cha sur

Let's Get Loud de Jennifer Lopez. Métamorphosée, elle s'est complètement lâchée sur le parquet de l'émission. Sensuelle, énergique et déterminée, Miss France 2002 semble prête à relever tous les défis. Lors de la deuxième émission, nous ouvrons le bal avec une rumba émouvante. Pour ce prime spécial intitulé « Le jour le plus marquant de votre vie », Sylvie a choisi de dévoiler un moment douloureux : le divorce de ses parents, et en particulier le départ de son père alors qu'elle était encore enfant. Elle s'est complètement livrée à travers une interprétation de *T'en va pas* d'Elsa qui fait parfaitement écho à son histoire personnelle. Durant la chorégraphie, nous sommes très complices et nous dansons tout en légèreté et en émotion. Les membres du jury sont unanimes sur la progression de Sylvie. Pour Chris Marques, elle est « magnifique dans ce registre ». Pietragalla salue son authenticité et son travail personnel. Fauve perçoit en elle « une femme douce, vulnérable et qui s'ouvre, sublimée par la complicité avec son partenaire ». Jean-Marc Généreux, quant à lui, ajoute : « Tes jambes étaient un délice à regarder. »

À la surprise générale, Sylvie Tellier est éliminée sur le quatrième prime. Malgré une prestation remarquable, qualifiée de « canonissime » par Chris Marques, nous nous sommes retrouvés en ballottage avec Julien Lepers et Silvia Notargiacomo. Bien que moins bien classé par le jury, Julien a bénéficié du soutien majoritaire des téléspectateurs. L'ancien animateur de *Questions pour un champion* lui-même a eu du mal à comprendre ce choix, affirmant que Sylvie danse « 10 000 fois mieux » que lui. Sylvie est aussi surprise qu'attristée de ne pas pouvoir poursuivre l'aventure.

— Je suis déçue pour moi, mais je suis surtout déçue pour toi, Christophe. Tu es l'un des meilleurs danseurs qui, depuis sept saisons, font briller le parquet. C'est super dur.

Cette défaite est en partie liée au système de vote de l'émission : a priori, notre prestation a plu aux juges, et nous étions bien classés. Mais, comme les gens ne nous ont pas sentis en danger en début d'émission, ils n'ont pas voté massivement pour nous. Ils préfèrent en général soutenir les couples en bas du classement. En résumé, les votes du public peuvent bouleverser complètement le palmarès, ce qui est souvent considéré comme injuste, avec des stars ayant obtenu un joli score qui se retrouvent sur la sellette. Ce fut le cas pour Sylvie.

L'élimination a été un moment très dur pour elle. Son compagnon me confie à quel point cette déconvenue l'a touchée dans son amour-propre.

Sylvie est vraiment à l'opposé de l'image froide qu'elle peut renvoyer. En réalité, elle est solaire, sensible et profondément humaine. Sa présence à mes côtés durant la grossesse de Coralie n'a jamais cessé de me rassurer, et malgré la fin de l'émission, nous continuons à nous voir et notre complicité perdure, à 12 000 km de la France métropolitaine, à La Réunion. C'est sur cette île paradisiaque qu'elle me convie en effet pour trois jours, dans le cadre d'un sujet pour le magazine *Gala* et la préparation du prochain concours Miss France qui doit se tenir le 30 décembre 2016. Ma venue a été planifiée, Sylvie avait déjà acheté un billet d'avion pour que je puisse la rejoindre, en prévision de possibles répétitions pour les primes si nous étions encore dans la course. Durant ces retrouvailles, Sylvie et moi avons bien l'intention de recréer la magie de notre duo et de raviver la complicité qui nous a unis tout au long du concours. Sylvie est devenue une véritable amie, un appui fidèle.

Au retour de La Réunion, je n'ai pas le temps de souffler. Moi qui pensais pouvoir être plus souvent auprès de Coralie, je suis appelé par la production pour danser avec Karine Ferri, dont le danseur Yann-Alrick Mortreuil est blessé. Je danse deux primes avec l'animatrice star, le temps d'apprendre à la connaître, et de vivre avec elle pas mal de fous rires. Karine n'est pas très douée en danse, mais elle est du genre à s'acharner. Ainsi, nous passons bien plus d'heures que ce qui était prévu pour répéter un paso-doble. Elle plaisante beaucoup et affirme en riant qu'elle est Catherine Zeta-Jones et moi Antonio Banderas. Nous passons la semaine à nous parler en espagnol. De vrais gamins !

*

Le bébé est attendu pour février, et la tournée m'éloigne quelque temps de Coralie. À la fin, une captation est prévue, mais je ne peux pas y aller, la date est trop proche du terme de la grossesse ; je ne veux pas prendre ce risque. La production insiste cependant pour que je sois présent, mais je sens qu'il ne faut pas que je m'éloigne. C'est la première fois que je dis non. J'en parle avec Coralie, et nous décidons de regarder la captation ensemble. Ce soir-là, alors que nous nous couchons, elle me réveille en me disant qu'elle a perdu les eaux ! Les événements m'ont donc donné raison, et si j'avais été là-bas, j'aurais raté la naissance de mon enfant. Je reste très calme, même si mes jambes tremblent. Je lui dis de ne pas s'inquiéter, de prendre le temps de finir de se préparer. Puis nous prenons la route de la clinique, sans pour autant que je réalise vraiment ce qui se passe. Coralie a des contractions, mais elle serre les dents et semble très forte.

Au dernier moment, elle réclame la péridurale, juste à temps. À ce moment-là, je découvre la véritable *warrior* qu'elle est. Voir ma femme donner la vie me la révèle sous un autre jour : c'est une vraie *Wonder Woman*. Le travail est rapide. J'entends la sage-femme dire : « Poussez encore une dernière fois. » Dans ma tête, je me dis que je ne suis pas prêt. Je réalise que ma vie ne sera plus jamais la même. Et c'est à 11 heures ce 5 février 2017 que notre bébé voit le jour. Il pousse ses premiers cris, et c'est une détonation dans mon for intérieur. S'il est une petite crevette de 2,6 kilos, notre bébé est en bonne santé. Je suis certain de devenir une autre personne. Il y avait le Christophe d'avant l'arrivée de Livio, et il y aura le Christophe d'après. Nous avons décidé de le baptiser ainsi, parce que mon cousin a appelé sa fille Livy, un prénom que j'aimais beaucoup. Ma mère voulait m'appeler Silvio, alors j'ai fait un mélange. L'entendre prononcé avec l'accent italien par ma grand-mère, à qui je demandais ce qu'elle pensait du prénom Livio, fut un moment très fort.

TATIANA SILVA, UNE SŒUR POUR LA VIE

Je suis donc le jeune papa d'un petit garçon de quelques mois lorsque j'attaque la huitième saison de l'émission avec Tatiana Silva, ancienne Miss Belgique, et présentatrice météo sur plusieurs chaînes d'information françaises, dont TF1 depuis le printemps 2017, où elle remplace Catherine Laborde. Je l'observe à la télévision, scrutant ses présentations météo, à la recherche d'informations sur son histoire familiale et ses origines capverdiennes. Déjà, je projette des chorégraphies qui pourraient correspondre à ce que je devine de sa personnalité. Mais une inquiétude un peu ridicule m'envahit : je crains qu'elle ne soit plus grande que moi. Jusqu'ici, j'ai toujours préféré danser avec des partenaires plus petites que moi, tirant de cette situation un sentiment de protection que je n'ai pas avec les grandes femmes qui m'impressionnent un peu. Sans compter que, dans les compétitions, le danseur est toujours plus grand que sa partenaire.

Le jour de notre rencontre arrive enfin en septembre 2017. Je découvre une femme sublime, d'une beauté époustouflante, et d'une gentillesse extrême. Je mets aussitôt de côté cette inquiétude sur sa taille. Avec nos peaux mates et nos cheveux noirs, nous sommes très accordés, presque comme frère et sœur, ce qui me met à l'aise. Nous pourrons jouer sur cette « gémellité » pour les chorégraphies et les mises en scène. Elle semble très motivée par l'émission.

— Je suis tellement impatiente de commencer cette aventure ! me dit-elle avec un sourire éclatant, ça me paraissait tellement inaccessible, poursuit-elle. Quand je regardais *Danse avec les stars*, je me disais : « Pourquoi on me choisirait ? Je ne suis pas une célébrité. » C'est un peu contre toute attente que la production s'est intéressée à moi.

J'aime son humilité et sa franchise, et je suis touché qu'elle me confie ses états d'âme. La rencontre passe vite, trop vite. J'ai hâte d'en savoir encore plus sur elle.

Nous commençons les entraînements. Tatiana n'a jamais dansé, c'est une véritable débutante. Elle a un peu de mal à se laisser aller. Nous devons répéter une samba sur *Déjà Vu* de Beyoncé. Elle est un peu raide et ses enchaînements manquent de fluidité, mais elle a deux qualités essentielles pour devenir une bonne danseuse : sa ténacité et son ardeur au travail.

Je pense souvent à mon fils tout petit et à Coralie restée dans le Sud qui apprend loin de moi sa nouvelle condition de mère, mais l'aventure avec Tatiana me happe et m'aide à lutter contre le manque et la culpabilité.

Lors du premier prime, elle entre en scène dans une tenue de samba argentée, perchée sur des talons aiguilles qui allongent encore plus sa silhouette. Au début de la chorégraphie, elle glisse légèrement, perd l'équilibre et semble gênée par sa longue chevelure. Elle me dit qu'elle a cafouillé dans les pas et je panique à l'idée qu'elle s'arrête – j'ai l'impression de revivre la scène de Rossy de Palma lors du deuxième prime de ma première saison. Mais elle se ressaisit, rentre dans la danse et termine la chorégraphie. Elle est ravie.

— J'ai adoré ! C'était un moment dingue, me glisse-t-elle à la fin du prime.

Tatiana a une énergie incroyable et c'est ce qui la sauve lorsqu'elle vacille. Jour après jour, je me heurte à une difficulté : même si elle est toujours enthousiaste, elle se protège derrière une carapace. Elle ne laisse pas facilement entrer les gens dans son monde. Pour y parvenir, j'ai dû faire mes preuves car elle m'a testé. Quand on connaît son histoire personnelle, on comprend mieux. Tatiana avait à peine 16 ans lorsqu'elle a perdu sa mère d'un cancer foudroyant, puis son père un an plus tard. Elle a été projetée trop vite dans la vie adulte.

Dès le début de la saison, j'ai le sentiment que ça va être compliqué pour nous d'aller jusqu'au bout. Nous faisons face à de redoutables concurrents, comme Agustin Galiana, le chanteur et comédien espagnol coaché par Candice Pascal, ou encore Lenni-Kim, le chanteur pop canadien et sa danseuse Marie Denigot. Contrairement à eux, nous n'avons ni les meilleures musiques ni les meilleures mises en scène, ce qui ne facilite pas les choses pour révéler Tatiana et la faire sortir de sa coquille. J'aimerais qu'elle dévoile son côté ardent.

Lors de la deuxième semaine, pour la thématique *personal story*, Tatiana souhaite rendre hommage à sa mère en dansant sur *Vole* de Céline Dion, mais on nous impose *What About Us* de Pink, une chanson qui l'inspire moins.

— Chris, je ne sais pas si je peux danser sur ce morceau, me dit-elle, agacée et déçue.

J'aurais adoré qu'elle puisse se donner à fond sur la chanson de son choix, mais je sais que demander un changement serait vain. J'essaie de la rassurer.

— Tatiana, ça va être magnifique, fais-moi confiance ! Je te promets qu'on va faire honneur à la mémoire de ta maman.

Malgré tout, pendant les répétitions, elle a du mal à entrer dans la chorégraphie. Elle danse sans émotion. Je crains que ça se passe mal lors du prime. Pourtant, le jour J, elle se transforme. Nous avons une mise en scène avec une porte, derrière laquelle elle se tient au début de la chorégraphie, hors de ma vue. Lorsque la musique commence, elle l'ouvre, et je la découvre les yeux encore brillants de larmes. C'est émouvant, mais je crains que l'émotion ne la submerge. Malgré tout, elle se lance, magnifique dans sa robe fluide et blanche. La musique semble la transcender et elle danse avec une rare intensité, comme si elle exorcisait ses douleurs d'adolescence. Le public assiste à sa transformation en direct. C'est un moment magique. Son interprétation est parfaite. Enfin, je découvre la vraie Tatiana.

Au bout du compte, je ne regrette pas d'avoir fait confiance à la production puisque ça aura été, selon moi, son plus beau tableau.

À partir de ce moment, quelque chose change entre nous. Je n'ai plus besoin de mots pour me faire comprendre, j'ai gagné sa confiance.

— Je sens que tu es solide, Chris. Je peux m'appuyer sur toi, me rassure-t-elle un soir après les répétitions.

Elle sait désormais que je suis quelqu'un sur qui on peut compter, et surtout, elle commence à se faire confiance.

Avec Tatiana, j'apprends, confusément, qu'il est possible de vivre une aventure humaine incroyable, et à ma grande surprise, même avec quelqu'un qui ne vient pas du même univers que moi, c'est-à-dire la danse. Nous partageons quelque chose de fort. Un jour, elle me dit :

— Ça y est, je t'ai bien cerné. Tu ne laisses pas facilement les gens entrer dans ton cercle, tout comme moi.

Elle a raison. C'est la première célébrité à me comprendre aussi bien. Finalement, nous avons tous les deux dû faire nos preuves pour entrer dans l'univers de l'autre, et c'est ce qui rend notre aventure si spéciale. Dès cet instant, Tatiana Silva est devenue comme une sœur.

Durant cette saison, je réalise pleinement que chaque personne qui entre dans *Danse avec les stars* en ressort complètement métamorphosée, que ce soit sur le plan physique ou mental. Je le constate particulièrement chez mes partenaires. Comme si j'avais un pouvoir un peu magique pour les aider à s'extérioriser. Comment j'y arrive ? Je ne sais pas trop, peut-être que c'est mon amour immense pour la danse, ou ma manière de créer des émotions. Et j'ai un côté très empathique, je suis vraiment à l'écoute de l'autre, c'est pourquoi il se passe quelque chose de très fort à chaque fois. Cela va au-delà de la danse. Je pense que ma façon de travailler y est pour beaucoup. Quand débutent les saisons de DALS, je suis cent pour cent dédié à l'émission. Je m'enferme dans cette bulle. C'est *Danse avec les stars* 24 heures sur 24, 7 jours sur 7. Je ne m'aère pas l'esprit, je ne sors pas au cinéma, je reste totalement concentré. Je vois les autres danseurs aller au restaurant, continuer à faire la fête et je me demande comment ils font, parce que physiquement, je ne peux plus. Et puis mon cerveau est obnubilé par les chorégraphies, il n'y a de place pour rien d'autre. Je ne décroche pas. Pour moi, sortir avec des amis est une perte de temps. Je dois travailler, prendre des notes, rester chez moi à imaginer des enchaînements. C'est extrêmement chronophage.

Pour le huitième prime, c'est au tour de Tatiana de faire un tour dans mon univers, dans le cadre de l'émission « Bienvenue chez les danseurs ». Nous tournons à La Ciotat. C'est la première fois qu'une célébrité que j'accompagne entre à ce point dans ma sphère intime. Elle rencontre ma famille. Et c'est l'occasion pour moi de passer un peu de temps auprès de Livio.

— C'est magnifique, s'émerveille-t-elle en découvrant ma ville.

Nous prenons le bateau de mon oncle et visitons des endroits que je connais bien, je lui montre les calanques, la météo est clémente, la mer scintille sous les rayons du soleil. Tatiana discute longuement avec Coralie sur un rocher et le courant passe bien avec mon oncle. Quand nous retournons à Paris pour les répétitions, notre lien est encore plus fort, ce qui ne fait que renforcer notre connexion dans la danse. Le morceau sur lequel nous devons danser, *Run to You* de Whitney Houston, est très romantique. C'est particulier, car pour la première fois, je dédie une danse à quelqu'un : à Coralie, la femme que j'aime depuis mon adolescence. Tatiana comprend le défi stratégique de ce moment télévisuel pour aller plus loin dans l'émission, et l'enjeu personnel qu'il représente pour moi.

— Je vais tout donner, Chris, me promet-elle.

Nous avons peu de temps pour préparer une chorégraphie digne de ce nom. Je décide de considérer Tatiana comme une danseuse professionnelle, sans me soucier de son niveau, et elle relève le challenge brillamment. Le soir du prime, je danse avec elle comme je le ferais avec Coralie. Dans les moments cruciaux, Tatiana est toujours surprenante. Quand elle semble en difficulté, elle réussit toujours à trouver un élan qui m'impressionne. C'est très émouvant. Elle se donne corps et âme, et ça fonctionne. Cette performance nous propulse en finale.

Pour le dernier prime, je ne suis pas satisfait du morceau imposé : *Magnolias For Ever*. C'est une chanson populaire, mais pas idéale pour une chorégraphie moderne et originale. De plus, Claude François était un danseur hors pair, ce qui rend difficile de se projeter dans cet univers. Je me dis : « Ce n'est pas avec ça qu'on va gagner. » Certains concurrents ont des musiques comme *Perfect* de Ed Sheeran et Beyoncé, ou la bande-son du film *La La Land*. Je sens que Tatiana est fatiguée, un peu lassée. Elle en a assez. Mais malgré tout, nous sommes là, en finale, contre Agustin et Candice. Je n'en reviens pas. Tatiana me confie qu'elle est contente d'être arrivée jusqu'ici.

— Je suis fière de moi, et je suis reconnaissante d'avoir pu faire ce parcours avec toi. Merci de m'avoir emmenée jusqu'en finale, Chris.

Elle sait que nos chances de l'emporter sont minces, surtout face à un candidat aussi populaire qu'Agustin, mais elle veut savourer chaque instant.

Tatiana donne tout ce qu'elle a, malgré la fatigue, pour nos deux dernières prestations. Sur le plateau, je ressens un mélange d'émotions : de la fierté pour notre parcours, un peu d'appréhension pour l'issue du concours, mais surtout, une immense gratitude pour cette aventure vécue ensemble. Nous terminons notre danse sous les applaudissements, et même si je sais que la victoire nous échappe, je suis heureux de l'expérience que nous avons partagée. La compétition se termine sans trophée, mais je pars avec le sentiment d'avoir gagné quelque chose d'encore plus précieux : une amie sincère et une partenaire qui a su révéler son âme à travers la danse.

*

Après son expérience dans *Danse avec les stars*, Tatiana Silva m'a avoué qu'elle ne s'était pas doutée qu'elle allait vivre une telle aventure. Elle m'a dit à quel point elle était heureuse d'avoir pu progresser en danse à mes côtés. Elle m'a même qualifié de « super partenaire » dans la presse, ce qui me touche énormément. Travailler avec elle a été une expérience intense, mais aussi extrêmement gratifiante. Durant l'émission, elle m'a souvent parlé des moments difficiles, de la pression constante des entraînements : « Les gens pensent qu'on ne fait que danser, me disait-elle, mais nous nous entraînons six heures par jour. Le stress est immense, et parfois, les émotions prennent le dessus. » Elle a dû accepter mes consignes, ce qui n'a pas toujours été facile pour elle qui aime tout contrôler. Elle m'a confié que danser, pour elle, c'était un peu comme remettre les clés de sa vie à quelqu'un d'autre, « si j'ai envie d'aller à droite et que tu me dis d'aller à gauche, je dois te suivre », plaisantait-elle parfois.

C'était révélateur de sa psychologie, cette difficulté à lâcher prise. Mais finalement, Tatiana a su relever ce défi avec brio. Elle a beaucoup travaillé sur elle-même, et je suis fier de voir à quel point elle a grandi durant cette aventure qu'elle a vécue comme une véritable thérapie, une expérience qui restera gravée en elle.

Nous avons gardé contact après l'émission. Tatiana est devenue plus qu'une partenaire de danse, c'est une amie fidèle. Nous nous revoyons souvent, et même après tout ce temps, la complicité est au rendez-vous. Je me souviens encore de cette petite session improvisée de salsa dans sa cuisine au printemps 2018. Elle m'avait invité à manger des pâtes aux brocolis, sa recette fétiche. Pendant la préparation, nous avons lancé un peu de musique, comme ça, et esquissé quelques pas de danse devant son chat. Elle a posté sur Instagram cette vidéo où l'on danse ensemble avec légèreté et bonne humeur. « Nous sommes de retour... avait-elle écrit, en plaisantant, sur une salsa improvisée, avec mon frère de cœur Christophe Licata. » C'est un super souvenir, et je suis toujours ravi de partager ces moments-là avec elle, même en dehors des plateaux. Frère de cœur, cette idée me plaît.

MON CORPS M'ENVOIE DES SIGNAUX

Aujourd'hui, je retrouve Héloïse Martin dans le charmant village de Lacoste, perché sur un piton rocheux au cœur du Luberon. Nous sommes à la fin de l'été et la lumière est encore superbe. J'ai rencontré Héloïse, la comédienne des films *Tamara*, il y a quelques semaines au Grand Rex, lors du tournage organisé par l'émission pour annoncer en avant-première la neuvième saison. La production a choisi de mettre en avant notre duo. Ce jour-là, nous avons surtout échangé sur nos objectifs et esquissé quelques pas de cha-cha. Depuis, nous avons continué à discuter via les réseaux sociaux et convenu de nous retrouver dans le Sud pour apprendre à mieux nous connaître. Même si l'annonce officielle est déjà parue dans la presse, Héloïse et moi ressentons une petite pointe de culpabilité à nous voir en dehors du cadre de TF1. Mais il nous semble essentiel de renforcer notre lien, et donc, d'une certaine manière, de prendre un peu d'avance sur l'aventure. Cela crée entre nous comme un petit secret partagé, une complicité qui me plaît beaucoup.

Nous débutons la saison, prêts à en découdre. Dès le premier prime, nous faisons sensation avec un cha-cha endiablé sur *Mamma Mia*. Héloïse est très dynamique, et rapidement, nous devenons l'un des couples favoris de cette année où la « star américaine » n'est autre que Pamela Anderson ! Les répétitions s'enchaînent, et Héloïse s'investit pleinement. Chaque jour, je parviens à obtenir d'elle le niveau de danse attendu, malgré quelques difficultés techniques sur le chemin. Mais très vite, on nous impose des figures complexes à intégrer dans nos chorégraphies. Pour le deuxième prime, nous devons inclure un « porté planche » à un bras. Je soupire. Héloïse est grande, plus forte que moi, et ce n'est pas aussi simple qu'avec des partenaires plus petites. Personne ne prend en compte la morphologie des danseurs qui sont à l'œuvre ni le travail supplémentaire que cela implique. De plus, ma douleur liée à la hernie discale contractée lors de la saison avec Laëtitia Milot refait surface. Je pense : « Ils ne comprennent pas que ce porté va me détruire le dos et qu'il risque de raviver mon entorse aux cervicales. » Je serre les dents. Chaque mouvement devient une lutte contre la douleur, mais je refuse de montrer que je souffre. Je veux qu'on réussisse.

Un matin, je me réveille. Impossible de bouger. Panique totale.

J'appelle Coralie : « Je crois que je ne peux plus bouger. »

Nous appelons immédiatement un médecin. Radio, IRM… le verdict tombe : c'est une nouvelle hernie discale. Le médecin veut prescrire des infiltrations et recommande l'immobilisation, mais il est impensable de rester alité en pleine compétition. Je n'ai pas le choix, je vais devoir continuer sous cortisone. Ainsi, je traîne ma douleur, semaine après semaine, avec cette peur constante que mon état ne s'aggrave.

Les exigences augmentent, les portés deviennent de plus en plus difficiles à exécuter. Sur ces figures presque impossibles à réaliser, on veut tellement donner qu'on en oublie parfois les risques pour notre santé.

Mais je persévère, j'ai déjà assuré des tournées alors que j'étais blessé, et je sais ce que c'est que de serrer les dents. Héloïse, de son côté, reste mon « bonbon », c'est ainsi que je l'appelle. Elle est patiente, conciliante, toujours souriante malgré tout ce que nous traversons. Vers la fin de l'aventure, les choses se compliquent encore. J'ai perdu dix kilos à cause du stress et de la douleur, mais je continue de tout donner pour ma star. Nous faisons face à des obstacles presque insurmontables. Mon corps m'envoie des signaux d'alerte : la hernie qui revient, la perte de poids... C'est comme si mes muscles me disaient : « Christophe, c'est le moment d'arrêter. » Peut-être que cela vient du fait que ma vie a changé depuis la naissance de Livio et qu'il devient de plus en plus difficile de concilier mon rôle de père, de mari, et mon engagement à 100 % dans l'émission.

Arrive une semaine particulièrement éprouvante avec le huitième prime. Nous sommes déjà parvenus loin dans la compétition. Cette fois, nous devons encore réaliser un porté, dans un jazz Broadway sur *Don't Rain on My Parade* de Glee. La mise en scène est ambitieuse : je dois apparaître comme par magie dans une cage, un peu en lévitation. Et tout cela avec mon dos en miettes. Chaque répétition est une torture physique, mais je m'accroche et la bonne humeur d'Héloïse y contribue.

Je demande de l'aide aux copains déjà éliminés :

— Vous pouvez venir nous donner un coup de main pour ce porté ?

Mais je ne ressens pas un grand élan de solidarité autour de moi. Ceux qui acceptent sont peu nombreux, mais c'est grâce à eux que nous parvenons à sauver la chorégraphie. Ils sont là, discrets, pour porter Héloïse à ma place. En revanche, un ami de longue date, à qui j'ai toujours été fidèle, refuse de m'aider. Ce qui me blesse profondément.

Il me dit simplement :

— Non, je ne viens pas.

Je ne comprends pas. C'est d'autant plus vexant que j'ai toujours été là pour lui. Mais bon, certains ont pris la grosse tête. Pour ma part, j'ai vraiment essayé de faire preuve de solidarité dans cette aventure, et ce depuis la première saison. Je réalise que depuis cette époque, il y a neuf ans, l'atmosphère a changé, notamment parmi ceux qui sont éliminés. L'une de mes grandes déceptions est que certains refusent même de participer aux tableaux de groupe, alors que c'est une tradition. Ils veulent tous soigner leur image. Autant que possible, j'ai toujours essayé d'adopter une posture de neutralité dans les histoires entre les uns et les autres, mais il devient de plus en plus difficile d'évoluer dans ce cercle. À ce moment-là, je garde encore un certain optimisme, même si je commence à comprendre que tout le monde ne partage pas la même vision des choses et les mêmes valeurs. Je continue de me dire que même si je ne m'entends pas avec tout le monde, cette aventure nous lie tous. Je garderai toujours un souvenir de chacun.

Depuis quelques saisons, arrivent aussi de nouveaux danseurs, « les jeunes », comme on les appelle. Au début, c'était compliqué, je me revoyais, moi, à mes débuts dans cette aventure, plein d'excitation, de doutes... Mais eux, ils débarquent avec une attitude radicalement différente. Dès le départ, ils ont un discours bien à eux, une autre mentalité, plus individualiste. TF1 a voulu du sang neuf, et c'est compréhensible. Il faut bien faire évoluer les choses. Mais ces nouveaux venus sont arrivés un peu comme des coqs, avec une assurance déconcertante. Face à cette attitude, j'ai toujours gardé mon calme. Je savais dans quelle aventure ils s'embarquaient, ce dont ils n'avaient pas encore conscience. Rapidement, ils ont compris que cette émission n'était pas si simple. J'avais beau reconnaître un peu de moi en eux, il faut avouer qu'au début, ils n'ont pas vraiment cherché à s'intégrer avec les anciens, et n'avaient que très peu de respect pour ceux qui étaient là avant eux. Ils donnaient l'impression de vouloir prouver au monde que les jeunes savent tout faire. Mais dans une émission comme *Danse avec les stars*, l'expérience compte beaucoup. Il faut savoir gérer la pression, visualiser les chorégraphies, et surtout, s'adapter à sa partenaire. *Danse avec les stars*, c'est bien plus que danser. Il faut une vraie expérience pour durer. À leur arrivée, je me suis dit qu'il fallait que je me batte pour montrer que j'avais encore ma place dans ce programme. Je voulais prouver que j'étais toujours une valeur sûre, le poulain en qui on pouvait avoir confiance. Je voulais, chaque fois, qu'on me confie une star qui me permettrait enfin de décrocher ce trophée.

*

Au-delà de ces déconvenues, ce que je retiens avant tout de cette saison, c'est la complicité que j'ai eue avec Héloïse. Ce fut une véritable rencontre. Malgré les épreuves, les douleurs, et les moments de découragement, nous avons partagé quelque chose d'intense, qui restera à jamais gravé dans ma mémoire. Et même lorsque je me sentais affaibli, j'ai continué à donner le maximum avec Héloïse. Perdre dix kilos au cours de cette période a rendu l'expérience encore plus éprouvante, mais c'était devenu un défi en soi, à la fois physique et mental.

À la fin de cette neuvième saison, je repars encore une fois sans le trophée et je me remets en question. Qu'ai-je mal fait ? Me manque-t-il quelque chose pour atteindre la victoire ? Je n'ai pas les réponses et c'est terriblement frustrant. J'ai cette sensation d'avoir tout donné, et pourtant, un élément m'échappe peut-être encore. Mais lequel ? Dois-je en parler à Fauve qui est toujours de bon conseil et à l'écoute, après toutes ces années, ou à la production ? Ou bien est-ce une remise en question purement personnelle ?

Je décide finalement de consulter la production, qui m'assure à l'issue de l'entretien que je ne dois rien changer. Ils sont vraiment très contents de moi, et me répètent sans cesse : « Tu as été parfait, tu as su mettre Héloïse en valeur. » Ils me sont reconnaissants pour tout le travail accompli avec chacune de mes partenaires, et savent que je suis toujours capable de métamorphoser une participante. Cette confiance de l'équipe, quelque part, c'est vraiment une forme de victoire.

LINDA, AMEL ET LIVIO

Quitter Coralie et Livio devient de plus en plus difficile. Repartir pour une dixième saison m'enthousiasme un peu moins qu'avant. J'ai l'impression d'avoir tout fait, tout vu dans cette émission. Mais la passion pour la danse finit toujours par l'emporter et une fois arrivé à Paris, je me remets dans le bain. Comme chaque année, je retrouve la troupe de danseurs lors de notre traditionnelle « rentrée des classes » chez le coiffeur. Nous échangeons des nouvelles, sur les vacances, notre été, et nous tentons de deviner avec quelle personnalité nous allons danser. Je mène ma petite enquête et je sens que je vais être associé à l'actrice et ancienne Miss France, Linda Hardy. J'ai des doutes sur notre binôme. Même si je la trouve absolument magnifique et que je suis certain qu'elle va briller à l'écran, j'angoisse un peu à cause de sa taille. C'est toujours le même problème pour moi, faire danser les grandes !

La veille de notre première rencontre, j'ai un entretien avec une journaliste de l'émission. Elle me taquine : « Est-ce que tu sais qui tu vas avoir ? » J'ai déjà une petite idée, mais je préfère ne rien lui dire.

Les journalistes qui nous accompagnent au fil des saisons dans cette aventure folle font un travail phénoménal, et il me semble qu'ils n'en sont jamais remerciés à leur juste valeur. Comme avec certains artistes, il m'est arrivé de développer une véritable alchimie avec une partie d'entre eux. Ce que les spectateurs ne voient pas, c'est que derrière chaque duo danseur-personnalité, il y a en réalité un trio. Depuis plusieurs saisons, puisque je connais les rouages de l'émission par cœur, je prends souvent contact avec ma journaliste pour anticiper les attentes de la production et comprendre quels types d'images la chaîne souhaite monter. Je perçois donc de plus en plus *Danse avec les stars* comme un véritable travail d'équipe, dans lequel j'ai compris que le rôle du journaliste est crucial. Si les téléspectateurs retiennent surtout les chorégraphies, le spectacle, l'élément clé reste souvent le magnéto – les images filmées pendant les répétitions – qui précède la danse : l'histoire qu'on y raconte et la complicité qui s'y construit avec la star. Le storytelling est fondamental dans ce type d'émission, et c'est un autre aspect du métier que j'apprends d'année en année. Cela soulève plusieurs questions : Suis-je en cohésion avec « mon » journaliste ? Manque-t-il des éléments dans le magnéto ? Cela m'empêche-t-il de mener ma star à la victoire ?

Dans cet esprit d'équipe, j'ai toujours eu à cœur de créer une vraie synergie avec les journalistes, et j'ai fait des rencontres extraordinaires, notamment avec Eloïse et Gül. Leur présence a été essentielle dans les moments difficiles de l'aventure. Sans elles, je ne sais pas comment j'aurais trouvé certaines solutions. Elles ont toujours été à l'écoute, professionnelles, et ont instauré un climat de grande confiance. Après tant d'années passées dans *Danse avec les stars*, ce soutien est précieux et rassurant. Grâce à elles, je connais mieux les ficelles du métier et je sais ce qu'il faut faire ou éviter. Ainsi, je me sens moins « piloté » et j'ose exprimer mes souhaits, que ce soit pour refuser ou accepter certaines choses. Avec cette expérience, j'ai gagné en assurance et en liberté, et je sens qu'on m'écoute davantage.

Avoir ces repères est rassurant et permet de se sentir moins seul. C'est par exemple grâce à certains d'entre eux que j'ai pu débloquer quelques situations plus facilement. Pendant cette saison avec Linda, en particulier, qui a été émaillée de moments de tension, ma journaliste va beaucoup m'aider à temporiser. Lorsque je serai trop dur avec Linda, elle interviendra pour me le signaler et m'aider à surmonter certaines épreuves. Elle me dira souvent : « Christophe, tu es allé un peu trop loin. » Et parfois, ce sera aussi Linda qui franchira les limites. La fatigue peut nous faire perdre de vue certaines choses, et avoir un regard extérieur est toujours bénéfique.

Avoir l'appui du journaliste me faisait aussi gagner un temps précieux. Cela permettait d'embarquer non seulement ma célébrité, mais aussi toute l'équipe dans une dynamique positive. C'est une dimension que j'ai pleinement saisie à partir de la saison avec Tatiana Silva. Ma bulle, auparavant centrée uniquement sur ma star, s'est élargie pour inclure une véritable connexion avec le ou la journaliste qui me suivait à ce moment-là. Le départ de certains d'entre eux a parfois été très difficile à vivre. Nous partageons des moments intenses, presque 24 heures sur 24, et ensuite il faut se dire au revoir. Les départs se font souvent dans les larmes.

La veille de la rencontre avec la star que je vais devoir accompagner durant cette dixième saison, j'essaie de glaner quelques informations auprès de ma journaliste pour ne pas passer la nuit sans dormir.

— Écoute, je sens que c'est Linda. Mais je ne veux pas avoir de mauvaise surprise. Dis-le-moi à l'avance pour que je m'y prépare mieux.

Elle ne me confirme rien, car elle n'en a pas le droit, mais je sens à son rire qu'elle sait que j'ai deviné juste. Le lendemain, je suis dans une voiture avec le cadreur et la journaliste, garée au pied du studio de l'Olivier. C'est bien Linda Hardy qui ouvre la portière. Dès qu'elle apparaît, je suis saisi par sa beauté sculpturale. Elle est très intimidante, alors même qu'elle est vêtue d'un simple legging gris et rose et d'une brassière de sport, prête à se lancer dans l'aventure.

— Salut, Linda ! dis-je avec enthousiasme. Elle répond par un sourire poli, mais je sens immédiatement une certaine distance. Elle n'est visiblement pas à l'aise avec la situation. Je comprends rapidement que je vais devoir gagner sa confiance si je veux que notre collaboration fonctionne.

Les premiers entraînements commencent. Ils sont marqués par une certaine timidité des deux côtés. Nous tâtonnons, cherchant le moyen de nous apprivoiser. Linda n'a pas de repères solides dans le domaine de la danse, et je dois tout lui enseigner à partir des bases – les pas chassés, les déplacements simples. Comme une vraie débutante. Un jour, alors que nous entamons une nouvelle séance, elle semble avoir oublié tout ce que nous avons vu jusque-là. Elle enchaîne des mouvements approximatifs, et je vois qu'elle est complètement perdue.

— Linda, tu ne te souviens de rien ? lui demandé-je, très embêté.

— Non... je ne sais pas, aujourd'hui, ça ne veut pas, répond-elle avec un petit sourire désarmant. Je fais un effort pour rester patient, mais l'agacement commence à poindre. Et elle, de son côté, me lance quelques piques, des remarques apparemment anodines mais qui m'énervent. Elle me teste, ça se voit.

— Peut-être que si tu étais un peu plus concentrée, ça irait mieux, non ? finis-je par lâcher, excédé.

Elle se fige, puis me lance un regard froid.

— Je fais de mon mieux, Christophe.

Le ton monte, et avant même que je comprenne ce qui se passe, elle quitte la salle, furieuse. Je reste là, incrédule. Cette situation devient vraiment compliquée. Je sens qu'il y a quelque chose de plus, quelque chose qu'elle ne dit pas. Elle me teste, cherche mes limites. Finalement, je décide de partir également.

Quelques heures plus tard, mon téléphone sonne. C'est Linda.

— Christophe, je suis désolée, dit-elle d'une voix sincère. J'étais fatiguée, et j'ai eu une mauvaise journée. Mon fils me prend beaucoup d'énergie aussi... Je suis vraiment désolée de t'avoir parlé comme ça.

Je prends une grande inspiration. Son excuse me touche. Je suis moi-même parent, et je sais à quel point tout cela peut être épuisant.

— Je comprends, Linda, on est tous dans la même galère. On n'avait pas anticipé que ce serait aussi intense, mais on va y arriver, ensemble.

Petit à petit, je réalise qu'elle est très fatiguée, dépassée par l'ampleur de cette aventure. Il reste encore beaucoup de chemin à parcourir, mais cette dispute nous a peut-être rapprochés. Lors de la cinquième semaine, pour célébrer les dix ans de l'émission, une ancienne star doit venir danser avec nous. J'imagine que ça pourrait être Tatiana. J'ai vraiment besoin de savoir avec qui je vais travailler pour créer une chorégraphie sur mesure, car chaque danseuse a sa propre morphologie. Mais impossible d'obtenir des infos. Ce jour-là, Linda me laisse seul dans la salle de répétition. J'enchaîne des pas devant le miroir, concentré. Soudain, la porte s'ouvre.

Linda entre, suivie d'Amel Bent !

Je reste bouche bée, mon cœur explose. Sept ans qu'on ne s'est pas vus. L'émotion nous coupe le souffle. Amel et moi nous précipitons l'un vers l'autre pour nous sauter dans les bras.

— Quelle émotion ! lance Amel, son visage illuminé. On ne va pas pleurer, hein ? Dis-moi qu'on va juste s'éclater !

— Est-ce que tu veux savoir ce qu'on va faire ? Je pense que c'est une danse que tu adores... dis-je, avec un sourire taquin.

— Ah, parce qu'il y en a une que j'ai adorée ? rétorque-t-elle, faussement sceptique.

— Tu as tout adoré, Amel, avoue ! plaisanté-je.

— Bon, d'accord, c'est vrai que j'ai tout kiffé, dit-elle en éclatant de rire.

— Moi, j'ai adoré nos jive, alors on va danser un jive à trois avec Linda !

Les yeux d'Amel brillent. Elle se souvient visiblement bien de ces moments.

— Tu te souviens du jive sur *Fallait pas commencer* de Lio ? dit-elle. Je ne voulais pas danser, et finalement c'était une de nos plus belles prestations ! Alors que moi, je réclamais du Rihanna ou du Beyoncé...

— Et, dis-moi, tu l'as encore ton grand écart ? la taquiné-je en lui lançant un clin d'œil.

Elle grimace en riant.

— Ouh là, je n'ai pas essayé depuis un moment... Je vais éviter, parce que si je reste coincée par terre, on est mal barrés !

Linda, en retrait, assiste à nos retrouvailles avec un sourire gêné.

L'alchimie ressentie des années auparavant avec Amel n'a pas pris une ride. Quand nous sommes ensemble, nous nous retrouvons dans notre bulle, connectés, ce qui laisse Linda un peu à l'écart. Amel danse incroyablement bien, ce qui crée forcément une comparaison. Je pense que Linda ne le vit pas très bien, mais moi, je suis vraiment heureux de retrouver Amel. Je fais malgré tout en sorte de porter plus d'attention à Linda. Le prime se déroule bien, nous dansons sur la chanson du film *Dirty Dancing, Yes.* Tout le monde remarque qu'Amel a réussi à transmettre son énergie communicative à Linda. Notre trio a fonctionné du tonnerre !

Un moment magique arrive juste avant notre élimination, lors de la septième semaine. Un nouveau « Bienvenue chez les danseurs » est organisé, et cette fois, je décide de dédier une danse à mon fils. Cela fait trois mois que je n'ai pas vu mon petit garçon et il me manque tellement que j'en ai le cœur serré. Nous filmons les retrouvailles sur la plage de La Ciotat, un cadre qui me tient particulièrement à cœur. Linda m'accompagne pour ce moment spécial. Coralie, déjà sur place avec Livio, me désigne du doigt alors que j'apparais sur la grève. L'enfant, surpris, me voit enfin. Son visage s'illumine, et il se jette dans mes bras. Ce contact, cette chaleur, c'est tout ce dont j'avais besoin.

Linda, très attentionnée, offre à Livio une grosse peluche en forme de citrouille, en clin d'œil à la saison, puisque Halloween vient tout juste d'avoir lieu. La douceur de cette scène reste gravée en moi. Avec Linda, nous dansons ensuite sur le ponton de l'île Verte, entourés par la beauté naturelle des lieux. Chaque mouvement résonne avec l'émotion qui nous habite et les images sont tout simplement exceptionnelles.

Le soir du prime, nous exécutons un quickstep sur la célèbre chanson *Smile*. C'est important pour moi : je veux que mon fils garde toujours le sourire quand il me voit à la télévision, qu'il se souvienne de ces moments avec bonheur. Juste avant que nous commencions, le reportage de nos retrouvailles à La Ciotat est diffusé à l'écran. Et là, je craque. Les larmes montent, je suis submergé par l'émotion. D'habitude, je fais tout pour rester stoïque, pour contrôler mes émotions en public, mais cette fois, c'est peine perdue. Chaque image, chaque seconde me renvoie à ce manque, à l'amour immense que je ressens pour mon fils.

Quand la chorégraphie démarre, je suis en larmes, mais c'est ce qui rend ce moment encore plus fort. Tout devient plus vrai, plus intense. Avec Linda, nous offrons une danse d'une finesse et d'une élégance incroyables, un de ces instants où tout semble flotter. Nous terminons par un porté, cette fois avec Coralie, qui vient clôturer cette séquence émouvante. C'est, sans aucun doute, notre plus belle danse de la saison.

Même si l'élimination survient ce soir-là, nous sortons sur une note puissante, empreinte de tendresse et de vérité. Quelle magnifique sortie... Je n'aurais pas pu rêver mieux pour cette fin de parcours.

DALS EN MODE PAUSE

L'année 2020 marque une pause inattendue pour le monde entier, plongeant tout dans un silence presque irréel. Bien entendu, notre émission n'échappe pas à cette mise à l'arrêt provoquée par les confinements successifs dus à la pandémie de Covid-19. En tant que danseur, c'est une véritable épreuve de ne pas pouvoir partir en tournée ni rencontrer les passionnés qui partagent notre amour de la danse. À la place, nous nous adaptons comme nous le pouvons, en donnant des cours à distance depuis nos cuisines, nos salons, là où l'espace le permet. Pourtant, à ma grande surprise, je finis par apprécier cette parenthèse imposée. Cela fait si longtemps que je n'avais pas eu l'opportunité de passer autant de temps en famille, chez moi, loin du tourbillon du quotidien. Mon fils est encore tout petit, et ces moments en sa compagnie sont précieux, inestimables. Ils me rappellent que, parfois, il faut savoir ralentir pour mieux apprécier l'instant présent.

Je prends également le temps de redécouvrir des choses simples, comme rencontrer, de loin, des voisins à Aix-en-Provence lors de nos promenades quotidiennes autorisées. Ce confinement, contre toute attente, me permet de retrouver une forme de sérénité, un équilibre que j'avais perdu dans l'agitation permanente de ma vie.

Cependant, malgré ces moments de calme, quelque chose au fond de moi ne cesse de bouillonner. La scène, le contact direct avec le public, et surtout cette montée d'adrénaline unique que seule une performance live peut offrir, toutes ces choses-là me manquent terriblement. C'est comme si une partie de moi-même était mise en pause, une partie essentielle à mon équilibre. En tant que père et danseur, j'ai besoin de ces deux facettes pour me sentir pleinement épanoui.

Durant cette période de réflexion, Coralie et moi décidons de tourner une page importante de notre vie : nous fermons l'école de danse. Située à une heure et demie de chez nous, elle était devenue un fardeau trop lourd à porter. J'ai fini par réaliser que je n'ai plus l'énergie nécessaire pour m'en occuper correctement. Les trois dernières années m'ont fait comprendre que ce qui me plaisait vraiment, ce n'était pas la gestion d'une école, mais bien la danse elle-même. Au quotidien, j'étais accaparé par des problématiques administratives : la gestion des salles, des emplois du temps des professeurs, les échanges constants avec les parents pour les rassurer. Tout cela me pesait de plus en plus. Et lorsque je ne participais pas à *Danse avec les stars*, je me retrouvais enfermé dans cet espace, cette école de Draguignan, sans pouvoir m'épanouir ailleurs, ni animer des stages, ni découvrir de nouvelles structures.

Arrêter l'école, c'est comme respirer de nouveau, c'est une véritable bouffée d'air frais. Je rends les clés du local le cœur léger. C'était une belle aventure, pleine de succès, mais il est temps de passer à autre chose. J'ai formé des champions en devenir et j'ai accompli tout ce que je m'étais fixé dans ce cadre. Je repense à un duo de jeunes danseurs. Ils étaient talentueux, mais à chaque compétition, ils restaient dans l'ombre des champions, les éternels « Poulidor », tout comme moi et mes partenaires dans *Danse avec les stars*. Puis, lors des championnats de France, tout a basculé. Le couple qui les devançait toujours était encore là, bien sûr, mais cette fois-ci, la donne a changé. Quand les résultats tombent, mes danseurs sont enfin appelés en première position. Je me souviens de la réaction des parents – une explosion de joie, de hurlements et de pleurs. Cela m'a rappelé mon propre père, incapable de tenir la caméra stable tant il était submergé par l'émotion lors des premiers championnats auxquels j'avais concouru avec ma grande sœur. Ces moments de fierté, je les revis à travers mes élèves, comme si je projetais ma propre réussite à travers eux. Une autre élève me revient en tête, une fillette qui avait commencé la danse avec moi dès l'âge de six ans. Ensemble, nous avons participé à de nombreuses compétitions, d'abord en France, puis à l'étranger, en Allemagne, à Dubaï. Je me suis occupé de tout pour elle, de sa coiffure aux strass à coller sur ses chaussures de danse. Mais, avec le temps, les demandes de ses parents étaient devenues trop nombreuses. Ils attendaient de moi toujours plus, et il me devenait impossible d'être partout à la fois.

C'est en partie à cause de cette pression que j'ai compris, durant cette pause imposée par le Covid, que continuer l'école de danse n'était plus viable pour nous. Avec Coralie, nous avons alors pris la décision la plus sage : arrêter. C'était le bon choix, même si cela marque la fin d'une belle aventure.

UN POKE BOWL AVEC DITA

Un peu avant l'été 2021, je reçois un appel, plus tôt que d'habitude. Cette fois, on me demande si je souhaite revenir pour la nouvelle saison de *Danse avec les stars*. Mais aujourd'hui, la situation est différente : on me laisse le choix. Rapidement, je comprends que cette année, j'aurai pour partenaire une star américaine. Et je dois me préparer. Cette fois, le véritable défi n'est pas tant la danse que la barrière de la langue : l'anglais.

Je télécharge une application sur mon téléphone et je consacre tout mon été à me perfectionner. Ce n'est vraiment pas mon point fort. Pour m'aider davantage, je décide aussi d'investir dans un traducteur instantané. La pression commence à monter, et franchement, je suis un peu embarrassé de ne pas parler cette langue couramment. Heureusement, avec Coralie, nous nous sommes beaucoup rendus en Angleterre pour des stages de danse, ce qui m'a permis de maîtriser un peu du vocabulaire technique : *Stretch your legs, bend your knees*… (« tends tes jambes, plie les genoux…»)

Le jour de la rencontre avec ma partenaire américaine approche. Ce moment reste toujours très particulier. Je suis rempli d'excitation, impatient de me lancer dans l'aventure et de retrouver cette montée d'adrénaline. Cela fait presque un an que l'émission est en pause à cause des confinements, et je suis dans les starting-blocks. Pourtant, la veille de ce moment tant attendu, la production m'annonce un contretemps : ma partenaire a attrapé le Covid. Résultat, le tournage est repoussé de dix jours. Dix jours de retard sur les autres couples. Finalement, on me révèle que la star en question est Dita Von Teese, la célèbre performeuse et effeuilleuse de burlesque ! Quelle audace et quelle surprise ! Je me dis alors : « Waouh, qu'est-ce que ça va donner ? »

Je l'ai déjà vue sur scène, avec son allure de vamp des années 1950 et son style unique. Un mélange d'excitation et de curiosité m'envahit. C'est une femme d'expérience, loin des jeunes débutantes. Après Sylvie Tellier et Linda Hardy, c'est la troisième fois que l'on me confie une star qui a déjà des années de métier dans l'*entertainment*, une preuve de plus que la production me fait pleinement confiance. Cependant, une question persiste : Quel est son niveau en danse ? Le burlesque, c'est une chose, mais les danses de salon, c'est tout à fait différent.

Pour me préparer, je me documente autant que possible. Je visionne tout ce que je trouve sur elle : ses publications Instagram, ses stories, ses interviews. Je m'attarde sur chaque détail, je zoome sur son visage, j'étudie la moindre de ses expressions. Même la façon dont elle cligne des yeux. Mon approche, presque obsessionnelle, est due à mon perfectionnisme, je le sais. Et honnêtement, sans le contexte de l'émission, cela aurait pu sembler étrange, voire suspect ! Mais j'ai besoin de tout analyser, de capter le maximum d'indices pour mieux la comprendre et anticiper.

À défaut de pouvoir se rencontrer immédiatement en personne, nous convenons d'organiser un cours à distance, en visioconférence. Ce n'est pas idéal, mais c'est le mieux que l'on puisse faire dans la situation actuelle.

Je me connecte, et là, elle apparaît à l'écran. Elle est tirée à quatre épingles, sublime, élégante, exactement comme je l'imaginais. Mais dès qu'elle commence à parler, c'est le choc : je ne comprends absolument rien à ce qu'elle dit ! Son accent, son débit… tout m'échappe. Nous devons préparer un tango argentin, mais je ne suis pas à l'aise du tout. À ce moment-là, je suis convaincu que ce premier contact est un désastre. J'imagine qu'elle doit se dire : « Mais qu'est-ce que c'est que ce Français ? » Je suis presque gêné pour elle.

Je prends les devants et décide de la contacter sur Instagram, car je me dis que ce sera peut-être plus simple, à l'écrit. Heureusement, elle me répond rapidement et se montre incroyablement sympathique. Ce qui me soulage. Bien sûr, je traduis chaque mot avec Google Translate, réalisant que tous mes efforts pendant l'été pour apprendre l'anglais ont été presque vains. Il y a tant d'accents, de subtilités que je n'ai pas saisis avec mes applications.

Je suis à Paris, installé dans un appartement près de Bastille, tandis qu'elle, de son côté, est confinée dans un hôtel à seulement quelques rues de là. Elle me raconte qu'elle se sent comme un lion en cage, impatiente de commencer à répéter. Mais en même temps, elle semble légèrement anxieuse à l'idée de se lancer dans cette aventure. Elle m'avoue qu'elle a une mémoire de poisson rouge, ce qui me fait sourire. Elle insiste même : « Non, mais je suis vraiment un poisson rouge, je te jure ! »

Pendant ce temps, les autres couples ont déjà une longueur d'avance. Ils s'entraînent depuis dix jours, alors que de mon côté, je n'ai toujours pas rencontré ma star en chair et en os, et nous n'avons même pas commencé à travailler sur la chorégraphie. Je sens la pression monter. Ça bouillonne dans ma tête, l'envie d'attaquer est là, mais le temps file.

Je décide alors de faire appel à Emmanuelle Berne pour m'aider à concevoir la chorégraphie. C'est un tango argentin, une danse particulièrement technique, et sans ma partenaire, préparer quelque chose de solide devient un véritable casse-tête. Avec Emmanuelle, nous nous donnons à fond. Chaque détail est peaufiné, chaque mouvement travaillé avec soin. Après de longues minutes d'hésitation, j'appuie finalement sur « envoyer » et partage la vidéo avec Dita. J'ai la boule au ventre en attendant sa réponse. Est-ce qu'elle va aimer ? Est-ce que ça correspond à ses attentes ?

À ma grande surprise, sa réponse arrive très vite : « Je trouve ta chorégraphie sublimissime. J'ai hâte de la danser. » Ses mots résonnent en moi comme une vague de soulagement. Elle est enthousiaste, je sens que nous sommes sur la même longueur d'onde et le stress qui m'étreignait jusque-là commence à s'effacer.

Finalement, après des jours de travail à distance, nous obtenons enfin l'autorisation de nous rencontrer en personne. C'est le moment que j'attendais avec impatience, mais aussi une certaine appréhension. Le jour J, j'attends Dita dans le studio, un long tapis rouge étendu devant moi, symbole d'un accueil soigné et respectueux des mesures sanitaires. Chaque détail est réglé comme une horloge, mais le stress monte quand même.

Je la vois enfin de loin. Elle se dirige vers moi, une silhouette presque irréelle. Elle est impeccable, vêtue d'un grand manteau, d'un chapeau élégant, elle porte une petite valise marquée de son monogramme. Tout chez elle respire l'élégance. Son chignon est parfait, son visage celui d'une poupée, sans parler de sa taille de guêpe qui lui donne cette allure si singulière. Tout semble irréel. Quand elle s'arrête, elle me regarde longuement avant de jeter un coup d'œil amusé à la caméra et de dire avec un sourire en coin : « *Perfect match.* » Son humour me détend immédiatement. Je sens que l'on va bien s'entendre.

Nous commençons à répéter et Dita me dit qu'elle a besoin de cinq minutes pour s'échauffer. Elle disparaît dans la loge et en ressort métamorphosée. Habillée et coiffée comme une véritable danseuse, elle commence à s'étirer. « On dirait une pro », me dis-je en l'observant. Sa détermination et son sérieux transparaissent dans chacun de ses gestes. Elle se met dans l'ambiance, prête à donner le meilleur d'elle-même. Nous nous lançons dans notre tango argentin, et là, une vraie magie opère. Une fusion immédiate se crée entre nous. Je n'ai même pas besoin de parler pour qu'elle comprenne ce que j'attends d'elle. Un simple mouvement, un geste de guidage, et elle suit parfaitement.

Progressivement, je commence à prendre confiance, à me sentir à l'aise. Je tente même quelques phrases en anglais. Elle sourit, comprend, et je me sens soulagé. C'est un premier pas vers une complicité plus profonde.

Très vite, je me rends compte que Dita est une compétitrice née. Elle a une rigueur et une discipline que l'on voit rarement dès les premières répétitions. Contrairement à beaucoup d'autres candidates qui arrivent en baskets et en tenue de sport, elle vient toujours en ballerines, avec des collants et une jupe, totalement prête à entrer dans la danse. Elle ne laisse rien au hasard. Chaque détail compte pour elle. Toujours à l'heure, elle prend le temps de s'échauffer, propose même des ajustements dans la chorégraphie ou la mise en scène. Elle suggère d'ajouter des accessoires, comme une fleur dans ses cheveux pour le tango. Elle tient à porter ses propres gants pour la chorégraphie, et quand je lui propose de les strasser moi-même, elle insiste pour le faire toute seule.

J'admire son engagement artistique. Dita a une vision claire, et sait exactement ce qu'elle veut. C'est une vraie source d'inspiration pour moi. Je comprends enfin ce que cela signifie de « travailler à l'américaine » : le souci du détail, le professionnalisme sans faille, et cette inventivité constante. Je me nourris de son énergie et cela me pousse à me dépasser encore plus.

Avec les restrictions sanitaires liées au Covid, nous sommes obligés de limiter nos interactions avec les autres équipes. Je me retrouve donc souvent seul avec Dita pour les repas. C'est parfois un peu gênant, car je ne parle toujours pas bien l'anglais, et dans ces moments-là, nous nous regardons en silence. Mais ces tête-à-tête sont précieux, car malgré tout, ils nous permettent de mieux nous connaître à travers une communication non verbale. Il y a de la complicité dans nos regards et nos rires.

Puis arrive enfin notre premier prime. Le deuxième de cette saison particulière où les candidats sont divisés en deux groupes. Cette année, Coralie fait également partie de l'aventure en tant que danseuse, elle coache Moussa Niang de Koh-Lanta. Je suis ravi pour elle, elle va enfin pouvoir montrer l'étendue de son talent, plus encore que lors des danses de groupe auxquelles elle participe depuis le début de l'émission.

Le stress est à son comble, mais avec Dita, nous sommes prêts. Notre tango argentin séduit le jury, et, grande surprise, nous obtenons tous les buzz d'immunité, une nouveauté cette année. Nous sommes directement qualifiés pour le prime suivant, sans avoir à passer par le vote du public.

Quand nous avançons ensemble sur le parquet pour entendre le verdict et que nous apprenons que nous terminons en tête, je ne peux m'empêcher d'être fier. Fier de ce parcours, fier d'être aux côtés de Dita Von Teese, cette femme incroyable, talentueuse, et déterminée. Elle n'a peur de rien. Elle connaît parfaitement les rouages du show-biz et elle se donne à fond pour que tout soit impeccable.

À ce moment précis, je ne pense plus à la victoire. Je sais simplement que cette saison sera exceptionnelle, parce que j'ai une partenaire hors du commun. L'aventure ne peut être qu'incroyable.

Quelques jours plus tard, je suis assis contre un mur du studio de danse avec Dita. Nous partageons un poke bowl, et c'est dans ces moments-là que je réalise à quel point elle est simple et accessible, loin de l'image de diva que certains peuvent s'en faire. Parfois, elle me surprend même en me disant qu'elle a envie d'un McDo, ce qui me fait sourire. Des rumeurs circulent dans la presse, affirmant qu'elle fait des caprices durant l'émission.

Rien ne pourrait être plus éloigné de la réalité. Au contraire, Dita est d'une humilité rare et j'apprécie ces instants de simplicité que nous partageons. Elle a traversé tant de choses dans le milieu artistique, et elle a toujours des anecdotes dingues à raconter.

Elle sait que je suis un grand fan d'Amy Winehouse, et un jour, elle accepte de partager avec moi quelques souvenirs personnels avec la chanteuse. Je suis suspendu à ses lèvres lorsqu'elle me raconte une soirée : « Un soir, j'étais dans un café à Londres avec mes sœurs, ma meilleure amie et ma mère. Et là, au bar, il y avait Amy, accoudée, fixant son verre d'un air pensif. Elle s'est retournée, m'a regardée et m'a dit : "Est-ce que ça te dirait de venir chez moi ? Je pourrais chanter pour toi et tes amies." » Dita et ses proches n'ont pas hésité un seul instant. Elles l'ont suivie chez elle, un endroit en désordre total, où Amy s'est assise au milieu du salon, a sorti sa guitare, et a commencé à enchaîner ses propres chansons, alternant avec des reprises des années 1930 et 1960. Dita se souvient de ce moment avec une émotion palpable : « Je n'oublierai jamais sa voix, si unique au monde. C'était un instant bouleversant. »

Je l'écoute, captivé, et j'imagine ce moment dans ma tête. Je me visualise, là, dans ce café londonien, à partager un moment aussi intime avec ces deux icônes.

Mais malgré notre complicité, un obstacle persiste cependant : Dita souffre d'un problème d'oreille assez handicapant, « vertige positionnel paroxystique bénin » – un VPPB, qui complique parfois nos entraînements. Ce type de problème est déclenché par des mouvements de tête brusques et cela exige des ajustements constants dans les chorégraphies. Dès qu'elle ressent un début de vertige, nous faisons immédiatement une pause. Je veux qu'elle soit à l'aise, que rien ne vienne altérer son bien-être.

Malgré ces difficultés, Dita m'inspire énormément. Pourtant, au quatrième prime, je fais face à un défi de taille. Nous devons danser sur *Madame rêve* d'Alain Bashung. Ce n'est pas mon univers musical, et, a priori, encore moins celui de Dita. Je me retrouve complètement bloqué. Rien ne vient, aucune idée de chorégraphie ne germe dans mon esprit. Cette fameuse « page blanche » m'envahit et je commence à paniquer. Je décide d'appeler Fauve pour lui demander de l'aide :

— Je suis coincé, je n'arrive pas à créer quelque chose sur *Madame rêve* de Bashung…

— Quoi ?! Mais c'est magnifique ! Et puis, pense à Dita… Elle est littéralement *Madame rêve* !

Son enthousiasme me pousse à réécouter la chanson avec un autre état d'esprit. Les yeux fermés, j'essaie de visualiser ce que Fauve m'a dit. Peu à peu, une idée commence à voir le jour. Je me vois créer une rumba tout en légèreté, où Dita glisse gracieusement sur la pointe des pieds, presque en apesanteur. L'inspiration revient enfin. C'est magique.

Le soir du prime, tout se passe à merveille. Dita est sublime, elle incarne littéralement la grâce. Nous ne récoltons que des 9. Le jury est conquis, et le public voit en Dita une véritable danseuse. Pour moi, le plus important n'est pas de briller seul, mais de faire briller ma partenaire. Mon rôle est de mettre en lumière tout son talent, et Dita le mérite amplement.

Mais à la huitième semaine, tout bascule. Dita est prise d'un malaise soudain pendant les répétitions. Elle devient pâle, vacille, et manque de tomber. Instinctivement, je la rattrape et la conduis sur un canapé. Elle pleure. Je lui propose de se reposer un peu, de prendre son temps, mais dès qu'elle essaie de se relever, son vertige revient en force. Il est clair qu'elle ne peut pas continuer. Le médecin est formel : Dita doit se reposer, elle ne pourra pas participer au prime.

Les médias s'enflamment rapidement et insinuent qu'elle feint ses malaises, qu'elle cherche à fuir la compétition. Dita se voit forcée de se justifier sur les réseaux sociaux : « J'ai eu un vertige très douloureux en début de semaine. Le pire depuis des années. Ma vision était altérée, j'étais submergée par des nausées, des maux de tête, et un déséquilibre constant. »

Cette situation me serre le cœur. Voir Dita, si forte et si élégante, devoir se battre contre ces accusations injustes m'attriste profondément. Elle mérite tant de respect pour tout ce qu'elle donne sur le parquet, et je suis fier de l'accompagner dans cette aventure, quoi qu'il arrive.

La semaine suivante, Dita est remise sur pied et nous avons une samba à préparer. C'est l'une des danses les plus compliquées, mais surtout l'une des plus rapides et je redoute qu'elle ait à nouveau des vertiges. Elle me regarde avec détermination et déclare : « Je vais le faire, mais c'est du sabotage. » Dita est éliminée lors du face-à-face de ce neuvième prime, le public préférant le youtubeur Michou. Je ne peux m'empêcher de penser que le public qui vote en masse n'appartient pas à la génération de Dita Von Teese. C'est d'une grande injustice que la popularité d'un participant prime sur sa valeur artistique.

Pour dire au revoir à Dita, je décide d'organiser un dîner avec Gül, notre journaliste, et d'autres participants. Hélas, seules quatre personnes répondent présentes. Cela me fait de la peine pour cette grande dame qu'est Dita. Après le repas, je la raccompagne un peu, puis je la vois s'éloigner seule. J'éprouve une profonde tristesse pour elle.

Quelques semaines plus tard, elle m'appelle pour m'inviter à danser dans son show à Londres, puis aux Folies Bergères. Elle m'avait promis que nous ferions des choses ensemble après l'émission, et elle a tenu sa promesse, ce qui n'est pas le cas de toutes les personnes que j'ai croisées dans ce milieu et qui m'ont souvent fait miroiter de grands projets sans jamais les réaliser. Lors de l'événement aux Folies Bergères, Fauve, Coralie et mes managers sont présents, car j'ai désormais besoin d'un accompagnement pour gérer ma carrière. Le photographe plasticien Ali Madhavi est également là pour immortaliser le spectacle. Je connais bien son travail et je sais qu'il a fait de la mise en scène au Crazy Horse. C'est un grand artiste au physique très atypique, tout droit sorti d'un film de Tim Burton. Il suit Dita depuis des années.

Dans ma loge, alors que je me prépare, une femme frappe à la porte et me dit : *« It's time to shoot with Ali Madhavi. »* (« C'est l'heure de la prise de vue avec Ali Madhavi. ») À cet instant, je me décompose. Le grand Ali Madhavi lui-même va me photographier ! Il entre dans ma loge, m'observe attentivement et me lance :

— OK, voilà ce qu'on va faire : tu te rases la barbe, mais tu gardes la moustache, tu plaques tes cheveux et tu traces une raie sur le côté. Dans cinq minutes, je veux te voir en bas, prêt pour la photo.

Je me dépêche de me préparer. Normalement, je suis perfectionniste, mais là, je n'ai pas le temps de m'attarder sur les détails. Je ne suis pas totalement satisfait du résultat, mais je descends tout de même et je me place devant Ali. Il semble en transe et me demande de « faire l'amour à l'objectif ». Ce moment est fou, mais je sais que je suis entre de bonnes mains.

Au cours de cette saison aux côtés de Dita, j'ai énormément appris. J'ai observé comment elle et son équipe travaillaient pour ses spectacles. La précision dans les mouvements, les costumes élaborés, les décors minutieux… je me suis nourri de tout cela. Cet univers de cabaret, si éloigné du mien, m'étonne et me fascine. Dans ma tête, des tableaux se dessinent, des ambiances se forment. Un jour, je créerai mon propre spectacle, c'est une certitude.

UNE SAISON EN ENFER

La nouvelle tombe comme une gifle : mon oncle a un cancer. Cet homme fort, imposant, a toujours été un pilier dans ma vie. C'est lui qui m'a appris à danser. Notre relation est particulière, presque comme celle qui existe entre un père et son fils. J'apprends ce drame à quelques jours seulement du début de la douzième saison de *Danse avec les stars*. Je suis dévasté. Bien évidemment, je ne suis pas dans les meilleures dispositions pour aborder sereinement cette nouvelle saison, mais danser reste la seule chose à faire pour tenir le coup. Mon oncle perd du poids à une vitesse effrayante et l'homme robuste que j'ai toujours connu devient méconnaissable. C'est un choc. Un rappel brutal de la fragilité de la vie. Malgré tout, je dois continuer à avancer, à danser, même si à l'intérieur, je suis en train de m'effondrer.

Sur le plan professionnel, j'ai la chance d'avoir pour partenaire l'influenceuse Léa Elui. Elle est jeune, pleine d'énergie, et je me dis que nous allons pouvoir créer de belles choses ensemble. Au début, elle est tétanisée, mais fort de toutes les saisons passées et de mes différents duos, je sais comment réagir pour la rassurer. Je fais tout pour lui donner confiance et je me persuade que tout va se dérouler comme prévu. Côté travail, il n'y a pas d'inquiétude à avoir, tout se passe bien. Léa possède une énergie contagieuse.

Et puis, un matin, alors que je suis déjà dans les studios, le téléphone sonne. C'est Coralie. Elle me dit simplement : « Il faut que je te parle… » Je l'interromps : « Ma chérie, je m'apprête à rentrer en répétion ». Elle poursuit : « D'accord, je te rappelle plus tard. » Sa voix était différente, je pressens que quelque chose ne va pas. Mais les entraînements avec Léa m'accaparent. La journée avance, je tente de rester concentré sur la danse, mais l'inquiétude monte, elle gronde en moi. Le soir, seul dans mon appartement, je tourne en rond, je me noie dans mes chorégraphies pour étouffer cette angoisse qui ne me lâche pas. Le téléphone sonne à nouveau. C'est Coralie.

— Christophe, j'ai une mauvaise nouvelle…

Mon cœur s'arrête.

— J'ai passé des examens et on m'a découvert une tumeur derrière l'œil.

Le sol se dérobe sous mes pieds. Je m'écroule, incapable de bouger, de réfléchir. Ces mots résonnent en boucle dans ma tête : « … une tumeur derrière l'œil. » Je suis complètement impuissant, bloqué ici à Paris, alors que ma femme a besoin de moi dans le Sud. Elle va devoir subir d'autres examens, et je ne peux même pas être à ses côtés. L'impuissance me ronge.

Quand, je reçois la musique pour le quatrième prime : *Le sens de la famille* de Grand Corps Malade, c'en est trop. Je ne peux pas. C'est au-dessus de mes forces. Au moment d'écouter la chanson, je m'effondre. Seul, dans mon appartement, je pleure sans pouvoir m'arrêter. Tout ça est trop lourd à porter. Mon oncle malade, ma femme qui doit affronter cette tumeur – je suis coincé, seul, sans Livio, sans personne. Je ne veux pas déranger mes amis, ils sont eux aussi trop pris par leur vie.

Je touche le fond et je suis assailli d'idées noires. Mais il faut s'accrocher. Je serre les dents, je souris, j'assure les répétitions avec Léa qui, elle, ne se doute de rien. Le soir du prime, devant les caméras, je donne tout. Mais quand les paroles, « j'ai froid », retentissent à la fin de la chanson, c'en est trop. Les larmes coulent en direct. Je craque, j'explique à mes collègues danseurs ce que je vis depuis des semaines. La nouvelle les choque et ils m'assurent de leur sympathie, malheureusement eux aussi ont une vie à cent à l'heure et très vite je me retrouve de nouveau assez seul. Je ne peux pas leur en vouloir.

Je n'ai encore rien dit à Léa. Un soir, pourtant, elle sent que quelque chose cloche. Je suis moins patient, moins attentif, et par conséquent, elle aussi. Quand le lendemain, elle refuse de danser à cause d'un rhume, je craque intérieurement. Je me dis : « Ma femme a une tumeur, et je suis là, à gérer un rhume ? » C'est un mélange de frustration et de désespoir. Je comptais sur la danse pour m'évader, pour fuir cette douleur, mais même ça, ça devient difficile.

Nous devons tourner l'émission « Bienvenue chez la star » dans la famille de Léa, en Savoie. Je suis exténué. Arrivés à Chambéry par le train, nous devons parcourir les derniers kilomètres en voiture avec Léa et son amoureux Scott, et mon corps lâche. Je suis pris de nausées et je vomis à chaque virage. Le trajet, qui devait durer vingt minutes, prend deux heures. Quand j'arrive à l'hôtel, Éloïse, ma journaliste m'attend. Je suis tellement malade que je vomis sous la douche. Éloïse entend tout à travers la porte. Inquiète, elle entre et me tend une serviette, essuie mon front. Tout devient flou. Je me sens vidé, épuisé physiquement et mentalement. Mais je serre les dents, je vais jusqu'au bout du tournage, je souris pour les caméras, alors qu'à l'intérieur, je suis déchiré.

Je pense sans cesse à Coralie. Nous ne savons pas encore si elle devra subir une biopsie. Si c'est le cas, les médecins devront ouvrir son crâne à trois endroits, car la tumeur est mal placée. Coralie préfère en rire : « Je vais ressembler à la fiancée de Frankenstein. » J'ai tellement peur pour elle, pour nous, pour Livio. C'est une chute libre, une descente sans fin. Je tombe moi-même malade pendant les entraînements et prends la décision de ne pas participer au prime suivant. Jordan Mouillerac me remplacera. Il apprend ma chorégraphie en un temps record. Je reviens la semaine suivante pour le septième prime, mais je m'écroule à nouveau. Il faut que je déclare forfait une deuxième fois à cause du Covid. Sur les réseaux, j'annonce :

« Je voulais vous informer que je ne pourrai pas accompagner ma Léa Elui sur ce prime de *Danse avec les stars*. J'ai été malade pendant les entraînements, mais rien de grave… Je vous envoie toute ma force. Jordan Mouillerac, prends soin de ma protégée. Je serai de tout cœur avec vous et j'espère être là pour la demi-finale. Bisous à vous tous, merci pour votre soutien. »

Léa se fait éliminer en quart de finale. C'est la première fois que je suis spectateur d'un prime de l'émission. Regarder, impuissant, son élimination à l'écran, c'est étrange, presque irréel. J'ai l'impression de l'avoir abandonnée. C'est une fille si jeune, sa défaite a dû beaucoup la décevoir.

Et en même temps, c'est surtout Coralie que j'ai l'impression d'abandonner. Je me sens totalement perdu.

Après cette élimination, je retourne dans le Sud. Très vite après mon arrivée, je rends visite à mon oncle. Dès que j'entre dans sa chambre, la réalité de la maladie me frappe de plein fouet – il a perdu 35 kilos. Ma grand-mère s'en est allée un peu avant le début de la saison, je crains de devoir affronter un nouveau deuil. Tous mes repères s'effondrent. Malgré tout, je pars en tournée avec Fauve, qui a décidé de ne plus être danseuse dans l'émission, mais de devenir jurée. Nos nombreuses dates nous rapprochent, et chaque soir, nous passons des heures à discuter dans nos chambres d'hôtel. Son soutien est inestimable ; elle ne m'a jamais laissé tomber, et réciproquement. C'est à ce moment que je réalise la nécessité de resserrer mes cercles sociaux, de me concentrer sur ce et ceux qui comptent vraiment.

Malgré la complicité avec Fauve, l'écoute de Coralie qui même quand elle est loin de moi me témoigne son amour, je traverse un état dépressif que je n'aurais jamais imaginé connaître. D'habitude, je suis quelqu'un de solaire, toujours positif. Mais là, tout est noir. Pourtant, malgré cette obscurité, je parviens encore à danser durant la tournée. C'est ma seule échappatoire, la seule façon de trouver un peu de répit. Je me rends compte à quel point danser est devenu vital. Sans ça, je n'arrive plus à respirer.

Mais peu à peu, en parallèle de cette situation familiale très difficile à vivre et qui me renvoie à ce qui compte vraiment, je prends conscience d'une réalité implacable : même si je mesure la chance immense que j'ai d'avoir autant d'opportunités pour exprimer mon art et d'être payé pour faire ce que j'aime, je commence à me sentir exploité, j'ai l'impression d'être devenu une vache à lait. On me sollicite partout, on m'invite dans des émissions, on m'appelle pour toutes sortes de projets. Je dois jongler entre la télévision, les spectacles, la gestion de mon fils, le deuil de ma grand-mère et la maladie de Coralie. Finalement, la biopsie ne sera pas nécessaire, mais la radiothérapie devient inévitable. Nos projets d'avoir un second enfant sont désormais suspendus.

Cependant, nous continuons la tournée *Alors on danse* de Chris Marques, sans répit, et enchaînons les dates les unes après les autres. Un jour, lors du spectacle à Colmar, je danse une salsa au milieu de laquelle je sens les larmes monter. Je ne peux plus les retenir. À la fin de la performance, Chris vient vers moi, visiblement inquiet.

— Christophe, tu es sûr que ça va ? Tu devrais peut-être faire une pause.

Je secoue la tête, déterminé.

— Non, je dois continuer. Je ne peux pas abandonner.

Pendant une répétition, c'est au tour d'Amalya Delepierre, la chanteuse du show, de s'approcher de moi. Elle a remarqué mon état.

— Christophe, tu sais, parfois, la seule solution c'est de dire non. Tu n'as pas à tout accepter, tu as le droit de prendre du recul.

Ses mots me touchent. Elle a raison, je n'ai aucune obligation. Après cette discussion, je prends une grande décision : j'appelle mon agent et j'annule toutes mes apparitions télé, pour me concentrer uniquement sur la scène. Mon agent ne cherche pas à me dissuader. Au contraire, elle me soutient.

— Pense à toi, Christophe. C'est dangereux de ne pas écouter son corps.

Un déclic se produit en moi. Je me sens soudain plus léger, délesté d'un poids immense. Le soir même, nous sommes sur la scène du Casino de Paris, et pour la première fois depuis longtemps, je retrouve ce plaisir immense à danser. Le lendemain, Amalya me sourit.

— Je ne t'ai jamais vu danser comme ça, Christophe. Il y avait quelque chose de libérateur dans ce que tu as fait.

C'est à ce moment précis que je comprends : je suis enfin capable de dire non, et cela me rend plus fort. Alors, je commence à me poser les bonnes questions. Peut-être est-il temps pour moi de quitter *Danse avec les stars* ? Toutes ces années ont été remplies d'émotions intenses, tantôt magnifiques, tantôt sombres. Mais tout cela devient trop lourd à porter. Coralie se remet d'aplomb, la radiothérapie fonctionne et la tumeur se stabilise, mais je veux être plus présent à ses côtés et voir plus souvent Livio qui grandit tellement vite.

*

Mai 2023. Juste au moment où je décide de ne pas participer à la prochaine saison de *Danse avec les stars*, je reçois un message privé sur les réseaux sociaux. Il s'agit de l'humoriste Inès Reg. « Christophe, ça te dirait de faire une apparition dans mon show à l'Accor Arena ? » Je souris en lisant ses mots. Inès, je l'ai déjà croisée lors de l'émission d'Arthur *Vendredi tout est permis* quelques semaines auparavant. J'avais bien aimé son énergie. L'idée me plaît instantanément. C'est une superbe opportunité, Inès est une star dans le monde du *stand up*, participer à son spectacle est une façon d'élargir encore mon spectre artistique et de vivre de nouvelles expériences. La jeune femme invite plusieurs personnalités dans son show, dont le chanteur marseillais Soprano, elle souhaite mêler humour, chansons et danse et, pour elle, me confie-t-elle : « qui dit danse dit Christophe Licata ». Le spectacle a lieu dans trois semaines, et sans même que je m'en rende compte, sa proposition me redonne une énergie que je pensais perdue.

Sur scène, je prends un plaisir immense à danser avec Inès. Chaque pas, chaque mouvement, m'apporte un peu plus de légèreté. Et peu à peu, une idée germe dans ma tête : et si je faisais *Danse avec les stars* avec elle ? Cela pourrait vraiment être une expérience fantastique. En plus, Inès me raconte qu'elle a toujours rêvé de participer à l'émission. Sa mère est une fan absolue, elle la verrait tellement bien danser avec moi. Cela me fait sourire et je commence à envisager sérieusement de repartir pour une treizième saison dans ces conditions.

Pendant les répétitions du show à Bercy, je prends un moment pour parler à Deborah Nahon, la productrice de l'émission. Je lui fais part de cette envie commune que nous avons, Inès et moi. Sa réaction est immédiate : elle est ravie, enthousiaste à cette idée.

Puis, en plein été, je reçois un coup de téléphone. C'est le manager d'Inès.

— Christophe, je suis désolé, mais son planning est trop chargé. Elle ne pourra pas faire l'émission cette année.

C'est un coup dur. Je viens de signer mon contrat, persuadé que j'allais traverser cette nouvelle aventure avec Inès. La déception m'envahit. J'avais tellement envie de vivre cette saison avec elle.

Mais le lendemain, tout bascule. Inès m'appelle, je sens dans sa voix une pointe d'espoir.

— Christophe, j'ai réfléchi… Je me lance. Si je peux m'absenter une semaine pour un projet pro, je fais l'émission.

Je suis stupéfait.

—Vraiment ? Tu es sûre ?

Elle me confirme, et je ne peux cacher ma joie. La production accepte ses conditions sans problème. Tout est en place.

Je suis prêt à aborder cette treizième saison avec une légèreté que je n'ai pas ressentie depuis des années. Grâce à Inès, je me sens libéré de la pression. C'est exactement l'état d'esprit que je veux retrouver : celui des premières années, où tout était encore fun, simple et spontané.

« L'AFFAIRE »
INÈS REG – NATASHA ST-PIER

Les entraînements commencent avec Inès et dès les premières heures, je comprends qu'il se passe quelque chose de spécial. Une alchimie immédiate, une connexion naturelle s'installe entre nous, qui rend chaque mouvement fluide et harmonieux. Inès me fait penser à certaines des partenaires qui m'ont le plus marqué, comme si elles étaient réunies en une seule personne, et c'est là que réside sa force. Elle a un peu de Nathalie Péchalat, avec cette volonté farouche et cette force mentale à toute épreuve. Elle possède également la fougue d'Amel Bent, une énergie qui la pousse à dépasser ses limites, même quand la fatigue devient écrasante. Et puis, il y a ce professionnalisme irréprochable qui me rappelle Priscilla Betti.

Je me dis que cette saison, c'est la bonne. Je sens qu'on peut aller loin, très loin. Il y a un feeling indescriptible, j'ai la certitude que la victoire est à portée de main. Alors même que quelques semaines plus tôt, j'étais prêt à tout arrêter, jamais je n'ai ressenti une telle intensité. C'est comme si la voie était toute tracée, une autoroute bien dégagée, qui nous conduit tout droit vers la victoire. Enfin.

Mais ce sentiment de confiance, aussi puissant soit-il, ne plaît pas à tout le monde. Mes collègues, avec qui je travaille depuis des années, ne semblent pas tous enthousiasmés par cette perspective. Je le lis dans leurs regards, dans certaines remarques à peine voilées. C'est subtil, mais ça me blesse. Je me dis : « Soyez contents pour moi, c'est tout ! » Après tout, nous avons partagé tant de moments intenses, traversé ensemble des saisons difficiles, chacun avec ses propres défis. Ceux qui sont là depuis le début, qui étaient présents avec moi devant la tour de TF1, treize ans plus tôt, connaissent mon parcours. Ils savent que chaque fois je suis passé tout près de la victoire. Pourtant, au lieu de ressentir leur soutien, je perçois des jalousies. Et ça, c'est dur à accepter.

Bien sûr, la compétition fait partie du jeu, c'est inhérent à ce genre d'émission. Dès que les répétitions débutent, chacun se concentre sur sa star, sur son duo. Mais la véritable compétition démarre après le premier prime, quand les premières notes tombent et que les équipes commencent à se mesurer les unes aux autres. Avant ça, on s'entraîne côte à côte, on entend vaguement la musique des autres, on observe leurs répétitions du coin de l'œil.

Moi, j'adore mettre la musique à fond. C'est ma façon de me connecter au rythme, de sentir la danse vibrer en moi. Dans les moments intenses, ça m'aide à me concentrer, à tout donner. Un jour, pendant une séance, nous nous entraînons juste à côté du studio de la chanteuse québécoise Natasha St-Pier et de son danseur, Anthony Colette. L'ambiance est bonne. Le matin, nous nous croisons, nous prenons un café ensemble, nous rions. Nous parlons de tout et de rien, comme si nous nous connaissions depuis des années. Tout semble très serein.

Mais un matin, en pleine répétition, j'entends une voix dans les couloirs. Quelqu'un dit : « Natasha, ta rumba est superbe. Tu t'en sors hyper bien. » Par curiosité, je jette un coup d'œil dans leur salle. Et là, effectivement, le spectacle est magnifique. Natasha danse avec une grâce naturelle. Ses lignes sont sublimes, ses jambes élancées, ses pieds parfaitement pointés, tout en élégance et en finesse. À ce moment-là, je sens que le niveau va être élevé cette saison, que la compétition va être rude.

Inès m'ayant rejoint, je lui confie :

— Tu sais, Natasha est vraiment pas mal. Elle a un truc, ça va être serré cette année.

Toujours aussi curieuse et enthousiaste, elle me répond :

— Ah bon ? Montre-moi !

Je souris. Inès est comme ça, elle veut toujours voir ce qui se passe, elle est curieuse et vraiment intéressée.

Alors, nous entrons dans la salle où Natasha et Anthony s'entraînent. Immédiatement, Inès applaudit avec la spontanéité et la sincérité qui la caractérisent.

— C'est magnifique ce que vous faites ! dit-elle, impressionnée, sans retenue.

Natasha, souriante, se tourne vers nous et, d'un ton presque trop enthousiaste, nous lance :

— Vous nous montrez la vôtre ?

Je me fige un instant. Nous ne sommes pas encore totalement prêts. Notre chorégraphie est encore en cours d'élaboration, tout n'est pas finalisé. Mais Inès, pleine de confiance, accepte sans hésiter :

— Allez, on y va !

Nous nous exécutons. Nous présentons quelques enchaînements, avec même un grand écart spectaculaire à la fin. Lorsque notre petite démonstration se termine, Natasha et Anthony nous regardent, puis en chœur, ils déclarent :

— C'est bon, vous êtes les futurs gagnants.

Leur ton est enjoué, mais il y a quelque chose qui cloche. Le compliment sonne trop parfait, démesuré, leurs éloges sonnent faux. Je ne sais pas trop comment interpréter tout ce qui vient de se passer, mais j'en garde un goût étrange.

Les jours passent, et je sens que l'ambiance change. Alors que je continue de travailler avec Inès, la tension grandit petit à petit dans toute l'équipe. Ce matin-là, nous répétons comme d'habitude, la musique à fond. Natasha arrive, visiblement agacée, et me lance d'un ton sec :

— Tu pourrais baisser un peu le volume ?

Surpris, je m'exécute aussitôt, en m'excusant, et sans discuter. Mais une demi-heure plus tard, c'est à leur tour de monter le volume au maximum, encore plus fort que nous. Inès, déjà un peu irritée, finit par craquer. Elle me jette un regard, puis décide d'aller leur parler. Je reste dans notre dans notre espace de répétition pour finaliser quelques détails techniques quand je vois Inès revenir, les yeux rougis par les larmes. Avec toute sa bonne volonté, elle me raconte être entrée dans la salle et avoir dit calmement :

— Excusez-moi, vous pourriez baisser un peu le volume, s'il vous plaît ?

Mais au lieu de l'accueillir avec compréhension, Anthony aurait réagi par un rire moqueur, et commencé à lancer des remarques piquantes, comme si tout cela n'était qu'une plaisanterie.

— Oh, c'est trop fort pour toi ? Tu n'as pas l'habitude de travailler avec du vrai son ?

Inès est restée calme, essayant de ne pas se laisser déstabiliser même si elle s'est sentie très vexée. Elle aurait rétorqué, toujours polie :

— Non, c'est juste qu'on a du mal à s'entendre de notre côté.

L'échange aurait ensuite rapidement viré à la confrontation. Anthony continuant sur le ton de la moquerie et du sarcasme et Inès tentant de garder son sang-froid. Le coup final est venu de Natasha : fixant Inès droit dans les yeux, elle lui aurait alors lancé d'une voix glaciale :

— Alors, écoute-moi bien, petite salope…

Le silence s'est alors abattu sur la salle.

Après avoir entendu ce récit, je suis sous le choc. C'est tellement violent, tellement inattendu. Comment en est-on arrivés là ? Je prends Inès dans mes bras pour essayer de la réconforter, mais je sens qu'elle est profondément blessée, comme si quelque chose s'était brisé en elle.

Moi aussi, je suis bouleversé. Nous sommes ici pour danser, pour donner le meilleur de nous-mêmes, et nous voilà en pleine guerre des nerfs. Je réalise alors que cette compétition va bien au-delà de la danse. Il y a des tensions latentes, des jeux de pouvoir que je n'avais pas anticipés cette année.

Inès pleure. Je décide d'aller voir Natasha et je lui dis calmement :

— Écoute, ce genre d'insulte, ça ne se fait pas. Il faut que ça s'arrête, ce n'est pas correct.

Natasha, visiblement touchée, vient pour s'excuser. Les deux filles commencent à discuter et tout semble s'arranger peu à peu. Mais c'est justement à ce moment-là qu'Anthony arrive dans la salle et se mêle de la conversation.

— Mais de quoi tu t'es vexée ? C'était juste une blague, lance-t-il.

Inès, déjà à bout, craque complètement. Elle explose :

— Mais toi, déjà, sors de la salle !

La tension se remet à monter en flèche entre eux. Les échanges deviennent de plus en plus vifs, mais après quelques instants de confrontation, tout le monde finit par sortir, et les choses se tassent lentement.

Nous rentrons chez nous, mais l'ambiance est glaciale. La production, perdue, ne sait pas comment réagir face à la situation. Inès, choquée par ce qui vient de se passer, envisage sérieusement de tout arrêter. Elle m'avoue, la voix tremblante :

— J'en peux plus. J'ai été insultée, et ce n'est plus drôle du tout.

Je sens qu'elle est vraiment à bout. La semaine suivante, comme prévu dans son contrat, elle n'est pas là, et en son absence, l'incident alimente les discussions. Que ce soit entre danseurs ou entre candidats, tout le monde parle de cette histoire. Et évidemment, comme Inès n'est pas là pour exposer sa version des faits, la situation s'aggrave. Jusque-là, tout le monde adorait Inès Reg, que ce soit le public, les autres candidats, l'équipe technique… Mais après cet épisode, c'est comme si tout avait changé. Une véritable ligue anti-Inès se forme. Nous arrivons donc sur le prime suivant dans une ambiance très bizarre. Personne ne réagit quand nous dansons. Personne n'applaudit. C'est le silence. Nous sentons bien que quelque chose ne va pas. Inès est très perturbée par cette atmosphère pesante. Pourtant, nous faisons une super prestation, mais notre joie est ternie par ce froid qui plane.

En interne, les choses se dégradent encore. Alors que quelques jours auparavant Natasha venait encore nous voir en souriant pour nous dire combien son fils était fan d'Inès, nous apprenons qu'elle a déposé une main courante contre Inès, par peur qu'on lui « casse les jambes » comme dans l'affaire Tonya Harding[2]. Anthony Colette, dépose également une main courante contre la stand-uppeuse. Tout cela devient vraiment absurde. Inès appelle Natasha pour tenter de s'expliquer. Si cette dernière accepte une longue discussion, cette tentative de réconciliation ne se résout pas le fond du problème. Les choses auraient pu être réglées beaucoup plus tôt si dès le début tout le monde s'était réuni autour d'une table pour mettre les choses à plat, mais le manque de communication a tout fait dégénérer. Et puis, vient le coup de grâce : nous apprenons, la veille du prime suivant, que *Le Parisien* va publier un article sur toute cette affaire. Dès l'instant où l'affaire sort dans la presse, tout devient incontrôlable…

J'ai l'impression d'assister à la mise à mort de ma partenaire et de lui tenir la main en la conduisant à l'échafaud. Ce qui est très compliqué pour moi, car Inès est devenue une amie précieuse. Je la vois

---

2. En 1994, six semaines avant les JO d'hiver de Lillehamer en Norvège, un homme de l'entourage de la patineuse Tonya Harding a blessé au genou sa rivale dans l'équipe des États-Unis, Nancy Kerrigan, à coups de barre de fer.

s'enfoncer de plus en plus, elle commence à aller mal. J'ai peur pour elle. Je la sens de plus en plus fragile, et je suis réellement très inquiet. Malgré tout, nous persévérons dans la compétition et nous donnons le meilleur de nous-mêmes.

Malgré la beauté de nos danses, chaque jour est une lutte contre l'adversité et l'acharnement médiatique. Je pensais avoir signé pour passer de bons moments, pour m'amuser, mais je finis par pleurer presque quotidiennement. Ce n'était pas du tout ce que j'avais espéré en proposant la participation d'Inès Reg ! Un jour, je craque devant elle :

— Je me bats, Inès. Et toi aussi ! Mais on ne peut pas continuer ainsi. On doit résoudre ce problème. On va aller parler à la production. Je ne peux plus rester dans cette situation absurde.

Inès est une personne très facile à vivre, expansive, mais au fond, elle est aussi très timide, et ça, on ne le perçoit pas forcément au premier abord. Dès le début de l'aventure, il suffisait de la voir dans les couloirs : elle ressemblait à une petite souris, toujours à chercher un coin pour se cacher. Après ce qui s'est passé, elle s'est encore plus renfermée sur elle-même, terrifiée par la situation. Après l'incident, nous nous sommes retrouvés avec trois gardes du corps mandatés par la production devant notre salle de danse, ce qui créait une ambiance vraiment anxiogène. Nous décidons d'aller voir la production pour tenter de régler la situation une bonne fois pour toutes. L'équipe organise une réunion avec tout le monde pour en discuter. Mais la réaction que nous espérons n'est pas au rendez-vous. Des clans se sont déjà formés et il est trop tard. Tout le monde prend la défense de Natasha. On me reproche même de ne pas l'avoir saluée, dans ces circonstances tendues. Personne ne semble savoir comment gérer cette crise.

La suspicion continue de grandir, et les groupes de partisans de se multiplier. Pendant ce temps, nous brillons de prime en prime, ce qui agace tout le monde. Inès danse incroyablement bien, et cela ne fait qu'accentuer leur irritation. Je ressens cette jalousie latente et cette tension dans l'air.

Lorsque l'article du *Parisien* sort, la situation prend une ampleur démesurée. Le lendemain matin, je me réveille pour constater que mon téléphone est saturé de notifications. Je ne suis pas directement concerné, mais je lis des messages d'insultes à l'encontre d'Inès. Je réalise alors les proportions que l'incident a prises, et la manière dont les gens s'en emparent. Pourtant, tout cela n'est qu'un ragot dont on parle bien plus qu'il ne le faudrait, transformé en scandale national. L'emballement médiatique devient fou, comme si toute la France devait choisir son camp entre Inès et Natasha. On en débat sur presque tous les plateaux de télévision ; c'est un déluge absolument surréaliste.

Inès est submergée par des messages de haine sur les réseaux sociaux, et c'est une situation nouvelle, pour elle ; Inès Reg est d'ordinaire une artiste que le public adore. Face à cette pression, elle décide de partager ce qui s'est passé dans une story, dans l'espoir de peut-être apaiser la situation, mais cela s'avère être une erreur.

Natasha St-Pier réagit de la même manière et nous sommes plongés dans une spirale infernale, une véritable avalanche de réactions, avec Anthony Colette qui s'exprime lui aussi sur les réseaux, ajoutant de l'huile sur le feu.

Pour ma part, je ne sais pas vraiment comment réagir. J'assiste à tout cela et je suis démuni. Tous les danseurs commencent à me prendre un peu en grippe parce que je ne prends pas parti. Même ceux qui étaient proches de moi ne sont plus là pour me soutenir.

Je décide alors d'appeler Fauve, qui désormais fait partie du jury. Je lui confie :

— Je suis dans une situation difficile.

Elle me conseille :

— Ne dis rien, ça va passer.

Je pense alors que peut-être il vaut mieux ne rien dire, que les choses vont effectivement se tasser. Mais les danseurs le prennent mal. Certains me font des reproches :

— Écoute, Christophe, tu as changé, tu n'es pas solidaire. Il faut qu'on le soit entre nous, les danseurs. Tu imagines si c'était à toi que ça arrivait ?

Ils prennent clairement la défense d'Anthony en publiant un post sur Instagram pour le soutenir.

Je leur réponds :

— Mais vous n'étiez pas là ! Vous ne savez même pas comment cela s'est passé, vous ne vous en tenez qu'à une seule version des faits. Et puis, cela ne vous regarde pas, en fait. Nous sommes ici pour danser, créer des chorégraphies et faire en sorte que nos stars brillent. C'est ça, notre rôle.

Inès aussi insiste pour que je m'exprime publiquement.

— Dis quelque chose, dis que je ne les ai pas insultés.

Mais non, je n'y arrive pas, même si je la crois. Je me contente de poster un message neutre : « Stop à la haine, dansons, c'est que du love ! »

C'est alors à mon tour de subir un acharnement comme jamais je n'en ai connu. Les appels de journalistes se succèdent, jusqu'à 80 fois par jour. Ils contactent mes parents, mes sœurs sur leur lieu de travail, mon agent, ma femme. Tous tentent, sans succès, d'obtenir ma version des faits à travers mes proches. Mon silence ne fait qu'amplifier les tensions. Rapidement, je reçois des messages de haine, des menaces de mort. « On va te fumer. » « On a ton adresse. »

Une fin d'après-midi, après l'entraînement, je rentre à pied et je dois traverser une petite ruelle. Soudain, quelqu'un tire sur mon sac. Je ne comprends pas ce qui se passe. On me pousse au sol, ma tête frôle le bord du trottoir et toutes mes affaires se répandent dans la rue. Mon corps se bloque. Paralysé par la peur, je ne réagis pas. Au-dessus de moi, cinq ou six silhouettes sont dressées, elles m'insultent et commencent à me rouer de coups de pied. Dans ma tête, les cris résonnent à l'infini tandis que les coups pleuvent sur mon ventre et mes côtes, je suis paralysé, totalement terrifié.

Heureusement, des passants arrivent. Ils crient, demandent ce qui se passe. Mes agresseurs s'enfuient en courant. Les témoins m'aident à ramasser mes affaires, mais je suis encore tout tremblant. Une fois chez moi, je m'assois, complètement abasourdi. Je ne sais pas quoi faire. L'idée de signaler cette agression à la police me tétanise. Je ne veux pas que l'histoire prenne une tournure encore plus grave. Je pense que tout est lié à ce qui est devenu « l'affaire Reg – St-Pier ». Je crains que tout cela ne devienne encore plus incontrôlable. J'ai peur pour ma famille, pour mon enfant. Un sentiment d'insécurité totale m'envahit et je suis seul dans cet appartement. À partir de ce moment, sortir en public m'angoisse, je me méfie de tout le monde. Je revis constamment l'agression dans ma tête.

Je préfère garder tout cela pour moi, ne pas en parler à mes parents, pour ne pas inquiéter ma mère et ma femme. Je dissimule les bleus sur mon corps et je continue de m'entraîner, même si mes côtes me font beaucoup souffrir, en particulier quand il faut répéter un tango.

Mais la danse, c'est ma seule bouffée d'oxygène, ma seule façon de m'évader, pas question de flancher. Je tiens aussi pour Inès. Un jour, je lui dis :

— Inès, la seule manière de t'aider que je connaisse, c'est de danser. On danse pour oublier, c'est tout ce que je peux t'offrir.

Alors, on danse…

Depuis treize ans, j'avais ce rêve en tête : danser sur une musique Bollywood. C'était l'un de mes objectifs, et là, enfin, j'y suis. On nous attribue une chanson de Diam's : *Laisse-moi kiffer la vibe avec mon mec...* version Bollywood. Les autres artistes s'étonnent :

— Pourquoi t'as du Bollywood, toi ? Il n'y a jamais eu de Bollywood avant, dans l'émission...

C'est faux, j'ai encore en mémoire un numéro époustouflant dansé par Grégoire et Alizée sur *Jai Ho* (*You are my destiny*) des Pussycat Dolls lors de la quatrième saison. Les autres participants pensent que ce choix est une faveur de la production, pour nous aider à gagner. En réalité, le défi est énorme. Réaliser une chorégraphie indienne sur un morceau de rap, c'est comme aller au bout d'un Rubik's Cube. Mais je maîtrise les clés de cette danse, et je crée quelque chose qui me semble vraiment original.

Même si je suis très content de la danse, je ne peux m'empêcher de me demander si Inès arrivera à danser en dépit de tout ce poids émotionnel. Et elle le fait. Elle encaisse, et elle tient bon. Malgré tout, je peux voir sa tristesse, qui contraste avec son énergie habituellement solaire. Un jour, elle me dit :

— Christophe, j'ai envie d'arrêter, mais je vais aller jusqu'au bout pour toi. Je veux que tu gagnes. On reste ensemble, quoi qu'il arrive.

C'est à ce moment-là que mon esprit de compétiteur s'éveille à nouveau. Nous allons continuer à nous battre. Je donne tout, semaine après semaine, en mettant toute mon énergie dans chaque figure, chaque mouvement, chaque entraînement. Rien n'est laissé au hasard. Je mets ma vie sur le parquet, me répétant les mots de ma chère Nathalie Péchalat : « Danse comme si c'était la dernière fois de ta vie. » Et c'est ce que je fais, à chaque prime, à chaque instant.

Les musiques semblent choisies pour correspondre à ce que nous traversons. Par exemple, nous dansons un tango sur la chanson *Versus* de Vitaa et Slimane qui parle de silence et de répression des émotions et une rumba sur *Et si je m'en sors* de Julie Zenatti, dont le titre fait explicitement écho à ce qu'Inès vit en coulisses. Elle se laisse porter, elle danse avec une émotion incroyable. Sur scène, c'est visible : elle brille, et nos performances marquent les esprits.

La danse devient notre seul moyen d'expression, là où les mots ne suffisent plus. Dans ce tourbillon, nous arrivons en finale. Plusieurs émotions contradictoires nous traversent : soulagement, tristesse, envie d'en découdre. Pour ma part, j'ai hâte que cet acharnement médiatique prenne fin. Tout le monde est de retour pour le dernier prime, et l'atmosphère est horrible. Que ce soit parmi les danseurs ou les célébrités, j'entends des discussions :

— Ce ne sera pas elle, on va tous se liguer pour voter contre elle.

Inès, évidemment. Ça parle dans les couloirs, comme des collégiens qui s'unissent pour harceler l'un des leurs. Je n'en peux plus. Je leur dis :

— S'il vous plaît, il faut arrêter maintenant. C'est horrible pour nous. Laissez-nous vivre notre finale. Ça fait trois mois qu'on se donne à fond, trois mois qu'on vit l'enfer, peu importe de quel côté on se trouve. Soyez neutres. Ce que vous faites est injuste et cruel.

L'un d'eux tente de se justifier :

— Oui, mais regarde, elle ne dit même pas bonjour.

— Elle ne dit pas bonjour parce que vous vous liguez contre elle. Comment pourrait-elle avoir envie de vous saluer alors qu'elle subit cette pression et ce harcèlement atroces ?

— Mais toi, Christophe, on t'adore, on veut vraiment que tu gagnes… Elle, on la déteste…

Je n'écoute plus. Je suis écœuré. Je me concentre sur la danse. Je ne veux plus les entendre.

En finale, nous devons danser sur trois morceaux. Le premier est une samba sur *Single Ladies* de Beyoncé. On se dit :

— Si cette samba passe, c'est tout bon, on gagne.

Nous exécutons notre première danse et recevons des notes incroyables : trois 10 et un 9. Même Chris Marques, pour la première fois de la saison, nous accorde un 10, en nous qualifiant de « guerriers ». Pour moi, c'est gagné. Il y a trop de différences de niveau avec les autres ; la danse va l'emporter. Le reste ne compte pas, il faut que ce soit ça qui triomphe, pas les rumeurs ni les polémiques. Ce doit être la danse, un magnifique pied de nez à toutes les bassesses de ces derniers mois.

C'est important pour le programme aussi, pour que l'émission continue de transmettre de belles valeurs. Mais à l'issue de cette première danse, le verdict tombe, brutal et impitoyable : Natasha St-Pier et Anthony Colette sont qualifiés pour le tour suivant. Puis Nico Capone et sa partenaire Inès Vandamme sont également appelés… Ce qui signifie que nous sommes éliminés. Je comprends immédiatement ce qui se passe, le public veut que Natasha gagne. Nous avons beau avoir les meilleures notes du jury, les votes des téléspectateurs sont sans appel. Tout le monde se jette dans les bras de Nico et de sa partenaire. Puis nous restons seuls tous les deux, Inès et moi :

— Je suis désolée, Christophe, j'ai vraiment tout donné pour que tu gagnes enfin !

Je suis déçu, car j'avais préparé une chorégraphie contemporaine incroyable pour la suite, une création puisée dans mes tripes. C'est un crève-cœur de la laisser au placard. J'avais imaginé une dernière danse spectaculaire, inspirée de l'univers et de la figure du personnage de Mulan, pour prouver à quel point Inès avait été une guerrière. Des samouraïs, pour coller à l'ambiance asiatique, devaient venir sur scène pour nous entourer, un dragon allait courir devant nous… Je garde en moi l'idée de partager un jour cette chorégraphie avec le public.

Pour leur face-à-face final, Natasha St-Pier et Nico Capone ont deux danses pour séduire le public, désormais unique juge. Un freestyle sur *All by Myself* de Céline Dion, puis un tango argentin sur le thème de la *Famille Addams* permettent finalement à l'artiste québécoise de l'emporter, comme je l'avais prédit. Avec 57 % des voix, elle bat l'influenceur qui, avec Inès Vandamme, avait dansé un freestyle sur *Can't Stop the Feeling* de Justin Timberlake et un paso doble sur *La Goffa Lolita* de La Petite Culotte.

Nous terminons troisièmes… et voyons en direct Natasha et Anthony vivre la victoire qui aurait dû être la nôtre. En être les spectateurs est véritablement déchirant pour nous deux. Le prime se termine et on m'informe que mon fils est là, en pleurs. Il veut me voir. Je dois me ressaisir. Livio arrive et me dit :

— Papa, t'as perdu.

Je lui réponds pour le réconforter :

— Mais non, c'est toi, mon trophée, celui que papa a gagné.

Il ne comprend pas. J'ai eu des 10, et pourtant nous ne sommes pas vainqueurs, alors il se met à pleurer de plus belle.

— Papa a gagné. Papa, va rentrer à la maison. J'ai donc tout gagné. Ce qui compte, c'est de rentrer à la maison avec toi et maman.

Ça me déchire de le voir si triste, et j'ai du mal à garder mon calme.

À partir de là, tout se passe au ralenti pour moi : je vois mes collègues courir vers Anthony pour le féliciter, insistant sur leur joie que ce soit lui. Cette finale était censée être la mienne, et ça fait mal. C'était mon tour. J'ai vraiment l'impression qu'on m'a volé quelque chose. Là, je prends pleinement conscience de l'injustice de la situation. Si j'avais été avec une danseuse qui n'avait pas le niveau, je l'aurais mieux accepté. Mais là, avec une quasi-professionnelle comme Inès, c'en est trop.

Le soir même, je reçois un message de soutien de la danseuse Denitsa Ikonomova, qui n'a pas participé à cette saison et qui demeure une amie fidèle, et le danseur québécois Christian Millette, qui, lui, a fait son retour lors de cette édition, vient me voir. Il me dit, avec beaucoup de simplicité et de sincérité :

— Christophe, je voulais te dire bravo.

Il se met à pleurer comme un bébé et ajoute :

— Bravo vraiment, je sais ce que ça représente pour toi. Bravo pour tout ce que tu fais.

Il pleure, et moi, je garde la tête froide, je m'interdis de craquer. Mais au fond, j'ai juste envie de prendre ma femme et mon fils dans mes bras, d'aller à l'hôtel, de faire mes valises, de prendre le train et de rentrer chez moi. D'oublier tout ça.

Cette fois, j'en suis sûr : cette saison était celle de trop.

RENAISSANCE

Début juin 2024, je marche dans les rues de Camden, ce quartier londonien où tout me rappelle ma chanteuse fétiche Amy Winehouse. Je m'arrête un instant devant la statue en bronze érigée à sa mémoire. Je m'imprègne des couleurs vives et bigarrées des façades de l'artère principale, je m'émerveille devant les vêtements vintage des magasins de fripes du marché aux puces, je respire l'âme pop rock punk des cafés. L'art et la musique sont partout. Je me sens libre, en harmonie avec l'esprit de ce lieu.

J'ai pris un billet pour Londres il y a deux jours, comme ça, sur un coup de tête. Londres s'est imposée comme une évidence. C'est un formidable laboratoire de créations, la ville des comédies musicales, le Broadway européen. J'avais eu un aperçu lors de ma participation au show de Dita Von Teese deux ans auparavant, mais j'avais besoin d'approfondir. Il est temps que je pense à moi, à mon avenir, que je me demande sérieusement si *Danse avec les stars* est encore pour moi. J'ai besoin de me retrouver seul. Tout seul. Sans ma femme, sans mon fils, sans ma mère, juste moi face à moi-même. Trois ou quatre jours à Londres, sans autre but que de faire le point et laisser mûrir une idée. Personne ne comprend vraiment ce que je suis en train de faire. J'ai pris un billet sans même réserver d'hôtel. Ma mère me demande : « Tu vas dormir où ? », et même Coralie s'inquiète. Je réponds que je ne sais pas.

À mon arrivée, je trouve un petit hôtel près de Piccadilly Circus, là où de nombreuses comédies musicales sont à l'affiche. Mon objectif est d'en voir le plus possible, de m'inspirer, de retrouver une énergie créatrice. Je ne sais pas exactement où cela me mènera, mais l'excitation monte à l'idée de naviguer dans cette ville vibrante. Je découvre une multitude de spectacles, le matin comme l'après-midi, un peu comme au cinéma. Cette ville est époustouflante pour qui aime le cabaret et les comédies musicales. En chemin vers l'une des représentations, un souvenir me revient soudain. J'avais huit ans, et il y avait ce couple de danseurs professionnels qui était venu faire une démonstration dans mon école de danse. Ce jour-là, il y avait aussi un magicien. Je n'oublierai jamais ce moment : la danseuse, en plein milieu de la piste, apparaît tout à coup de l'autre côté de la salle, comme par magie. Je m'étais toujours demandé comment cela avait été réalisé. La magie a ce pouvoir de nous émerveiller, de nous transporter dans une autre réalité, un peu comme la danse. Lors de mon dernier prime avec Héloïse Martin, nous avions d'ailleurs intégré un tour de magie dans notre chorégraphie. J'avais travaillé avec Gaël le magicien, et cela avait fonctionné à merveille. Cette expérience avait été pour moi comme une forme d'évidence. La certitude que danse et magie font bon ménage. J'ai cette intuition : il faut que je travaille autour de ces deux arts si je veux un jour créer mon propre spectacle.

Je décide d'aller voir *Matilda*, la comédie musicale adaptée du roman de Roald Dahl. C'est l'histoire d'une petite fille talentueuse, dont les parents ne reconnaissent pas la valeur. Je ne comprends pas tout, même si je parle mieux anglais désormais grâce à ma saison avec Dita, mais après deux heures de spectacle, mon cerveau est en surchauffe. Pourtant, je suis touché par l'émotion qui se dégage. Une scène en particulier me bouleverse : la protagoniste fronce les yeux et pousse un cri libérateur. Cela réveille en moi des sensations enfouies, des souvenirs de mon enfance. C'est un déclic. Une idée claire de ce que je veux faire prend forme.

Après le spectacle, je retourne à pied à mon hôtel. En chemin, je tombe sur une petite boutique qui vend des souvenirs et des cartes postales. J'y achète un petit cahier et un stylo. Une fois dans ma chambre, je coupe mon téléphone, je mets une chanson d'Amy Winehouse, et je commence à écrire. Les mots jaillissent, sans fin. Une vraie histoire se dessine, une histoire qui est finalement la mienne. Je vous confie la première phrase : « Lors d'un spectacle de danse, un petit garçon, issu d'une modeste famille d'origine italienne, se lève dans le public et dit : "Un jour, moi aussi, je serai sur les planches". » Ce petit garçon est alors propulsé, comme par magie, sur scène, et pour lui, la grande aventure de la vie commence vraiment. Alors, je raconte toute mon histoire, de A à Z. Une excitation incroyable s'empare de moi. En noircissant les lignes de mon cahier, j'ai l'impression de retrouver le petit champion qui faisait tournoyer sa sœur lors des compétitions de son enfance. C'est vertigineux et follement grisant.

*

Novembre 2024. Pendant que je fais une dictée à mon fils Livio, détachant soigneusement les syllabes pour le guider, mon téléphone sonne. C'est la production de *Danse avec les stars*. Ils me proposent de participer à la 14e saison, alors que j'avais décidé de tourner la page. Après une 13e saison mouvementée qui m'avait presque poussé à tout arrêter, le profil de la candidate qu'on me suggère de coacher me touche en plein cœur : un profil vraiment atypique, un exercice auquel je ne me suis encore jamais prêté.

Comment refuser cette chance unique d'aider cette danseuse à briller sur le parquet, tout en portant un message de tolérance et d'inclusion ? Une fois de plus, je m'engage dans ce défi avec passion, déterminé à permettre à cette artiste au parcours singulier de s'épanouir et de prouver que la différence n'est pas un obstacle à l'excellence.

Je pose néanmoins une condition essentielle : pas de déplacements à Paris pour les enregistrements. Ma famille est mon ancrage, et ce lien m'est infiniment précieux. La production accepte. Cette fois-ci, tout s'aligne : je peux enfin conjuguer mes valeurs de solidarité et de bienveillance, que j'ai toujours défendues, avec ma vie personnelle. J'ai trouvé mon équilibre.

Ma renaissance est désormais complète.

REMERCIEMENTS

Je tiens à exprimer ma profonde gratitude envers toutes les personnes qui ont jalonné mon parcours et qui ont rendu ce projet possible.

À mon père et à ma mère, pour leur amour inconditionnel et leur soutien constant, qui m'ont appris la valeur de la persévérance et de l'engagement. À mes sœurs, pour leur complicité et leurs encouragements, qui ont toujours été une source d'inspiration.

À ma femme Coralie, dont la présence et la force illuminent ma vie, et à mon fils, qui m'apporte une joie inégalée et un regard émerveillé sur le monde.

À ma bonne étoile, qui veille sur moi et guide mes pas dans les moments de doute. À mes stars et mes partenaires, avec qui j'ai eu le plaisir de partager des instants mémorables et des projets enrichissants.

À la production, et tout particulièrement à Fred, Debo, TF1 et la BBC, pour leur confiance et leur soutien précieux tout au long de cette aventure.

Aux stylistes de costumes, coiffeurs et maquilleurs, dont le talent a su sublimer chaque détail et apporter une dimension unique à l'émission.

À tous les journalistes et cadreurs, pour leur professionnalisme et leur capacité à capturer chaque moment avec précision.

À mes chers amis, qui sont toujours présents dans mon petit cercle et qui rendent chaque jour plus lumineux par leur amitié et leur loyauté.

À Adeline, ma plume, dont le génie et la créativité ont permis de donner vie à mes mots et à mes idées. Et enfin, aux Éditions Leduc, pour leur sérieux et leur engagement à mes côtés.

Et surtout, un immense merci à vous, le public, qui donnez sens à mon travail. Votre soutien et votre intérêt sont la plus belle des récompenses et la motivation qui m'anime chaque jour.

Cet ouvrage est composé de matériaux
issus de forêts bien gérées certifiées FSC®,
de matériaux recyclés et de matériaux issus
d'autres sources contrôlées.
Le Forest Stewardship Council® est
une organisation internationale
non gouvernementale qui encourage
une gestion écologiquement adaptée,
socialement bénéfique et économiquement viable
des forêts de la planète. Pour en savoir plus,
consultez le site www.fsc.org

FSC www.fsc.org
MIXTE
Papier | Pour une gestion forestière responsable
FSC® C022829

Achevé d'imprimer en décembre 2024
sur les presses de
la Nouvelle Imprimerie Laballery
58500 Clamecy
Dépôt légal : janvier 2025
N° d'impression : 410544

Imprimé en France

La Nouvelle Imprimerie Laballery est titulaire
de la marque Imprim'Vert®